FRED HARTLEY

atrévete a ser
diferente

cómo afrontar
las presiones
de los iguales

D0891174

Editorial
Vida

© 1982 Editorial Vida
Miami, Florida

Publicado en inglés bajo el titulo:
Dare to be Different
por Fleming H. Revell Company
© 1980 por Fred Hartley

Primera edición en idioma español con el título
La Palabra Viva y Eficaz

Diseño de cubierta: *Libni F. Cáceres*

Reservados todos los derechos

ISBN: 0-8297-1255-0

Categoría: Vida cristiana

Impreso en Estados Unidos de América
Printed in the United States of America

04 05 06 07 08 09 ❖ 23 22 21 20 19 18

Dedicado a
mis dos hijos,
Fred Allan IV y Andrea Joy,
para quienes espero ser un ejemplo
por haberme *atrevido a ser diferente*

Indice

1
La influencia silenciosa

"La presión de los iguales" es una expresión que a nadie le gusta usar. A los padres les disgusta porque describe la forma en que sus hijos e hijas se descarrían. Los jóvenes odian la expresión porque en una generación que alardea de que cada cual vive como quiere, copiar el comportamiento de otro es un pecado imperdonable. De modo que esas palabras se evitan generalmente, a pesar de que la presión de los iguales está en la mayoría de los subconscientes y ejerce una callada influencia sobre la mayor parte de las vidas.

Cuando estudiaba secundaria, volvía a casa después de practicar fútbol, y me sentaba a cenar a la mesa. Mi padre me preguntaba:

— Dime, Fred, ¿qué hiciste hoy en la escuela?

Por lo general, yo gruñía solamente. Como a él no le gustaban los gruñidos, decía algo así como "¡Vamos! Hoy tienes que haber hecho algo y a tu madre y a mí nos gustaría oírlo." No me quedaba escape posible, y procedía a contarles algunos detalles.

Parecía que, sin falta, nos deslizábamos pronto hacia una tensa discusión sobre la legalización de la marihuana, la guerra de Vietnam, el racismo, o lo tarde que volvía los fines de semana. Por lo general, las cosas se suavizaban un poco al llegar el postre; pero, a menudo, cuando me levantaba de la mesa podía oír a uno de ellos decir:

— No me gustan las influencias que está recibiendo Fred en el colegio.

¿Has escuchado alguna vez a tus padres hablar sobre la forma en que tus amigos influyen sobre tu vida? Si eres como yo era, tu respuesta será insistir en que no estás recibiendo influencia alguna de ellos, y rechazar lo que dicen tus padres. Por alguna razón, no nos gusta admitir que de veras tenemos miedo de lo que piensa la gente y que, en realidad, copiamos su comportamiento.

Tipos de temor a los iguales

No podemos reunir las diversas maneras en que el grupo influye sobre nosotros y echarlas todas a la basura. Debemos admitir que hay muchas formas diferentes en que nuestros amigos pueden influir sobre nosotros, y no todas son malas. Básicamente, podemos dividir las influencias en tres categorías:

1) Buenas influencias
2) Influencias neutras
3) Malas influencias

1. Buenas influencias. Una necesidad básica del ser humano es ser aceptado y amado. Muéstrame a alguien que no desee ninguna de las dos cosas y yo te demostraré una persona despreciable. Todos necesitamos ser abrazados, besados y reírnos con alguien. No fuimos creados para funcionar como pequeños electrones frenéticos, girando constantemente unos alrededor de los otros sin ponernos jamás en contacto con nadie. Fuimos creados para vivir en comunidad y para tener amigos. Y necesitamos amigos. Necesitamos gente que diga: "Me caes muy bien. Me gusta estar contigo."

Stanley nunca tuvo muchos amigos. No participaba en ningún deporte o club del colegio. Todo lo que tenía era un conejo. Todos los días salía de la escuela, iba derecho a su casa, agarraba algunas zanahorias e iba a darle de comer a su conejo. Pasaba toda la tarde viéndolo masticar zanahorias. Un día fui a la casa de Stanley, sacamos una pelota de fútbol, la sacudimos (porque nunca jugaba con ella) y empezamos a jugar. Stanley se sorprendió a sí mismo: podía patear de veras una pelota de fútbol.

Ese año se decidió a entrar en el equipo de fútbol y lo consiguió. Muy pronto ese joven aislado que nunca había hecho gran cosa, excepto mirar a su conejo comer, comenzó a florecer como persona. Salió de sí mismo y empezó a tener amigos.

Después de uno de los partidos, la madre de Stanley vino hacia mí y me susurró al oído:

— Muchas gracias por tomarte interés en Stanley. Fue siempre muy solitario, pero ahora es realmente feliz y está lleno de vida.

En el momento no supe exactamente por

qué me lo decía, porque no estaba consciente de haber hecho algo por Stanley. Pero, al mirar hacia atrás, aquella tarde cuando me cansé de observar al conejo de Stanley y le sugerí que jugáramos al fútbol, debe de haber influido sobre él para que participara más en la vida. Obviamente, a la madre de Stanley no le molestó ese tipo de influencia de los iguales en su hijo. Por el contrario, estaba muy entusiasmada con ella. Hay muchas maneras en que nuestros amigos pueden ejercer una buena influencia en nuestra vida.

2. Influencias neutras. La muchedumbre puede influir en nosotros en formas que pueden ser categorizadas como "ni buenas ni malas". En su mayoría, los estilos de vestir no son ni buenos ni malos y, virtualmente, todos sentimos la influencia de lo que usan nuestros amigos. Los cortes de pelo de las jóvenes dependen en gran parte de la forma en que el resto de las chicas del grupo se corte el pelo y, desde un punto de vista ético, no hay nada ni bueno ni malo acerca de determinado corte de pelo. En qué deporte participamos durante una temporada, en qué club nos inscribimos, qué estudiamos, o a qué fiestas asistimos los fines de semana y demás, todas son cosas determinadas, en parte, por lo que nuestros amigos decidan hacer. Ninguna de ellas es buena o mala en sí misma.

Permíteme darte un extraño ejemplo de influencia neutra. Mis padres siempre me enseñaron buenos modales en la mesa, e insistían en ellos. Todavía recuerdo cuando fui a la escuela secundaria, la primera semana que comí en la cafetería, con todas las caras nuevas que trataba de conocer. Casi de inmediato, percibí un montón de ruidos al sorber la sopa y chasquidos de labios, cosas prohibidas en nuestra casa. Pues bien, no pasó mucho tiempo antes de que alguien hiciera el comentario:

— ¿Acaso perteneces a la alta sociedad? ¡Vaya! Nunca había visto tanta etiqueta! — De modo que, para evitar conflictos, empecé a hacer ruido con la sopa y un poco más de sonidos mientras comía.

Unas pocas semanas más tarde, me senté a cenar con mis padres y mi madre sirvió sopa. ¡Chasquido! ¡Chasquido! ¡Chasquido! No lo advertí, pero estaba tomando la sopa como lo hacía en el colegio.

— ¡Fred! — exclamó mi madre —, ¿quién te enseñó a tomar la sopa así?

No me animé a decirle: — ¡Lo siento, mamá!

De manera que aprendí a tomar la sopa de dos formas, según con quien me encontraba.

Al fin y al cabo, no es tan importante cómo tomemos la sopa, mientras que la gente que esté con nosotros no se enferme del estómago. Nuestros amigos influyen en nosotros de muchas formas que no son ni buenas ni malas. Son simplemente neutras.

3. Influencias negativas. A pesar de que nuestros amigos pueden ejercer buenas influencias sobre nosotros, debemos admitir también que pueden ejercer influencias negativas. De ahí nace la mala reputación que tiene la presión de los iguales.

Era algo raro ser uno de los pocos muchachos de sexto año que no decían malas palabras. También resultaba extraño ser uno de los pocos que permanecían vírgenes en el último año de secundaria. La presión sobre las malas palabras me alcanzó y empecé a usar un vocabulario completamente nuevo. La presión sobre la vida sexual no influyó en mí y me alegro de que no lo lograra. Sin embargo, una noche tuve que defender mis principios morales.

Estaba mirando películas de terror en la casa de Howard, como solía hacerlo los sábados de noche, cuando, durante uno de los comerciales, Howard fue hasta la puerta para asegurarse que sus padres no estuvieran por ahí. Entonces, con una extraña sonrisa en su rostro, me dijo: — La otra noche me acosté con una chica.

Yo estaba comiendo maíz tostado e hice como que me atragantaba con un grano. Era un tema que no acostumbraba a tratar, y no sabía qué decir, de modo que no dije nada. Simplemente seguí mirando el comercial y comiendo maíz tostado.

A los pocos minutos, Howard me dijo en tono burlón: — ¿Qué te sucede? ¿No te has acostado nunca con una chica? Todo el mundo lo hace.

Puesto que me presionaba, me di cuenta de que no tenía otra salida sino responder:
— No, Howard. No tengo la intención de acostarme con una chica hasta que sea mi señora. ¡Entonces estoy seguro de que será fantástico!

Cuando oyó mi respuesta creo que me llamó un montón de cosas, desde mojigato hasta santurrón. En esa época no me molestó, porque Howard fue el primero de mis amigos que tuvo relaciones sexuales antes del matrimonio. Entonces era un tipo raro. Pero después, cuando muchos otros de mis mejores amigos comenzaron a hacerlo, quedé en la minoría. La corriente cambió y se empezó a mover contra mí y, a menudo, fui tentado a seguir el camino que "todo el mundo" recorría. Me alegro de no haberlo hecho nunca.

Viví casi dos años en una isla de la Florida, y era una gracia entrenar a los niños para que robaran en las tiendas, lo más pequeños posible. Cuanto menor era el niño, más grande era la aprobación del grupo. Lo llamaban "la venta especial de cinco dedos". Aunque no lo creas, algunos de primero y segundo año de primaria se volvieron tan habilidosos que podían llevarse casi cualquier cosa que quisieran sin que los dueños de las tiendas sospecharan.

Podríamos contemplar una lista interminable de cosas negativas: malas palabras, borracheras, sexo libre, trampas en los exámenes, desobediencia a los padres, mentiras, marihuana, jactancias, burlas, raterías de tiendas y demás. Básicamente entran dentro de la misma categoría: todas son cuestiones morales. Son más graves que la costumbre de hacer ruido al tomar la sopa. Son cuestiones morales, porque es posible distinguir entre una decisión buena y una mala. Por lo tanto nuestros amigos pueden tener un efecto peligroso sobre nosotros cuando nos tientan a poner en peligro nuestras normas morales.

¿Has hecho alguna vez algo que sabías que estaba mal, simplemente para ganar la aprobación de tus amigos? Si tienes una posición moral sobre alguna cuestión, ¿encuentras difícil defenderla tú solo? Si ya no tienes una posición moral ahora, trata de recordar cuando la tenías. Ya sea fumar marihuana o tener relaciones sexuales, ¿puedes recordar qué incómodo te sentías cuando tus amigos lo hacían y tú no?

En este mismo momento, sé sincero contigo mismo. No tienes necesidad de impresionarme. Y no tienes tampoco por qué defenderte. Simplemente, sé sincero y piensa cuáles son (o han sido) las normas morales que te resultan difíciles de mantener cuando el resto de tus amigos las han olvidado.

Sentimientos

1. ¿Algunas veces tus padres te acusan de dejarte llevar por la presión de tus iguales?
2. ¿Te gusta conversar con tus padres? ¿Por qué o por qué no?
3. ¿Te han abochornado tus padres alguna vez? ¿Cuándo?
4. Cuéntame cuándo fue la primera vez que sentiste presión para que quebrantaras una norma moral.
5. Describe como sería no tener amigos.
6. ¿Puedes recordar la primera vez que te sentiste culpable?

Pensamientos

1. ¿Quién sabe escuchar mejor: tú o tus padres?
2. ¿Acerca de qué te suelen regañar tus padres?
3. ¿Por qué a los muchachos les gusta ser originales?
4. ¿Cuáles son las buenas influencias que tus amigos han ejercido sobre tu vida?
5. ¿Qué son las normas morales?
6. ¿Cómo decidimos qué normas morales vale la pena conservar?
7. ¿Por qué algunas veces nos sentimos culpables?
8. ¿Hay algo en que tus amigos influyeron negativamente sobre tu vida?

2
Por favor, no se burlen de mí

En general, lo más importante en la vida de un adolescente es su propio nombre. Después de todo, la adolescencia es la época en que empezamos a descubrir todo lo que se refiere a nosotros mismos. Comenzamos a pasar cada vez más tiempo frente al espejo, haciéndonos preguntas tales como "¿Soy bien parecido?" "¿Qué tal se ve mi cabello?" "¿Soy atractivo?" "¿Sé bailar?"

Todos tenemos una necesidad interior de ser amados, abrazados y besados; de que alguien se ría con nosotros y de que nos acepten. Estas cosas son tan importantes para nosotros como el oxígeno y el agua. No podemos vivir sin ellas. Algunos van rebotando de grupo en grupo, tratando de encontrar un lugar con el cual identificarse y un amigo que permanezca a nuestro lado, hagamos lo que hagamos. La mayoría de nosotros no tenemos un deseo más grande que el de tener un gran amigo. Para muchos, ser aceptado es más valioso que la comida o el sueño. Para otros, que tienen ese amigo, tener renombre puede ser uno de los tesoros más apreciados. Algunos lo desean tanto, que están dispuestos a hacer cualquier cosa por alcanzarlo.

¡Esa burla me dolió!
Muéstrame a alguien que diga que nunca lo

han herido con una burla y te mostraré a un mentiroso. Es difícil ser adolescente en una sociedad que se complace en denigrar, especialmente cuando los mismos adolescentes son los críticos más agudos. Resulta difícil concebir un día de escuela en el que a nadie se le haya hecho burla. Y, sin embargo, lo curioso es que a todos nos molesta cuando se nos hace burla. De hecho, no hay nada que nos disguste tanto. Nada duele tanto, de modo que, generalmente, vivimos temiéndolo; temiendo a nuestros compañeros. El centro del miedo a nuestros iguales es la burla.

Algunos viven con el miedo constante de que se les haga burla. El muchacho que tiene el cuerpo delgado, tiene miedo de quitarse la camisa en el vestidor por temor a lo que digan sus amigos. La chica que lleva un nuevo corte de pelo, teme caminar por el colegio, por miedo a las bromas que sus amigas puedan hacerle.

Recuerdo el primer día de Educación Física, cuando fuimos todos al vestidor, nos pusimos nuestra ropa de gimnasia y fuimos a pesarnos. Hicimos fila en orden alfabético, para que nos probaran en diferentes capacidades. Yo era relativamente atlético y no me preocupé. El primer examen fue el de asirse a una barra horizontal en alto y levantarse hasta la barbilla. El primer muchacho no logró hacerlo ni una vez. — ¡Ja, ja, ja! — Como le caímos encima —. ¡Palillo de dientes! Probablemente no podías ni salir de la cama por la mañana. —El muchacho se sentía con ganas de arrastrarse debajo de los tablones del piso.

Mientras los demás jóvenes hacían el ejercicio, por mi mente cruzó un pensamiento —*¿Qué pasará si yo tampoco puedo hacerlo?* —Me entró pánico. ¿Qué haría? Pronto me llegó el turno. Me congelé. Repitieron mi nombre dos veces, y yo actué como si no lo oyera. Por fin, me acerqué, salté y agarré la barra. Me sentí como si estuviera suspendido sobre un foso de leones hambrientos. *¿Qué pasa si no logro hacerlo?* Un gruñido. Otro. Otro más. *¡Ahhhhhhhh!* ¡Me tranquilicé! Lo había logrado hacer tres veces. Nadie se rió de mí. Nadie se burló de mí y, en adelante, respiré mucho mejor.

Pero sabes, nunca me burlé de otro muchacho que no pudiera levantarse hasta la barbilla. ¿Sabes por qué? Porque sabía cómo se sentía. Durante aquellos momentos, antes de levantarme tres veces hasta la barbilla, sentí todo lo que los que eran incapaces de hacerlo sentían, y no quise infligirle a nadie esa clase de dolor.

Nunca olvidaré un día en que nos pusieron un examen de ortografía por sorpresa. Soy muy malo en ortografía, y se hizo evidente ese día. La maestra leyó cincuenta palabras que teníamos que deletrear correctamente. A continuación cambiamos nuestros papeles con el que estaba al lado de nosotros, los corregimos, y leímos la puntuación para que la maestra la anotara. Yo le entregué el mío a mi mejor amigo, quien según yo pensaba, haría trampa a favor mío si lo necesitaba. ¡No tuve esa suerte! Los resultados fueron increíbles: ¡tuve veinticinco errores! *La mitad.* Era el colmo. Me sentí enfermo.

Cuando mi amigo leyó el número, la maestra le pidió que lo repitiera, porque creyó que era imposible. — Veinticinco — repitió mi amigo.

La maestra se quedó estupefacta. Era la peor puntuación que jamás había escuchado. Me miró por encima de sus bifocales y todo lo que pudo decir fue: — ¡Oh! — Creo que hasta mi amigo se abochornó por tener que calificar el trabajo. Se inclinó sobre mí y me dijo: — ¡De veras que eres un desastre! — Nadie en aquella clase reconocía con más dolor que yo, que era un verdadero desastre en ortografía. Mi amigo no necesitaba decírmelo.

Cuando nos ponemos a pensar, la mayoría de las burlas llaman la atención hacia algo que es obvio. Cuando el muchacho no pudo levantarse hasta la barbilla, nuestra clase le dijo por lo menos cien veces: — ¡Ja, ja! No pudiste levantarte, alfeñique. — Estoy seguro de que él mismo se decía para sus adentros—: ¡*Alfeñique*!

Cuando íbamos para la clase siguiente, todavía recuerdo a mis compañeros acercándose y preguntándome: — ¡Eh, Fred! No es posible que tuvieras veinticinco errores en ese examen, ¿no es cierto? Es más que los

errores de todo el resto de la clase sumados.
—¡Y cómo se reían! Y cómo me lastimó. Mi madre no pudo explicarse nunca por qué estudié tanta ortografía a la semana siguiente.

El dolor de los apodos

Nadie sabe lo cruel que podemos ser cuando le ponemos apodos a la gente, especialmente de aquellos que se fijan en el aspecto negativo de la persona. Los que afirman que "los palos y las piedras pueden romper sus huesos, pero los apodos nunca los herirán" son unos mentirosos. Los apodos, especialmente cuando tienen una pizca de sarcasmo, duelen más que ninguna otra cosa.

Yo solía poner muchos apodos, pero ya les he pedido perdón a varias personas. ¿Has llamado alguna vez a alguna persona por un sobrenombre que no tenía nada de elogioso? O quizá hayas sido tú mismo víctima de semejante abuso.

En segundo grado conocí a un muchacho que pesaba casi cien kilos. No era gordo; ¡era enorme! Lo llamábamos "el mantecón".

Había una chica que lloraba cuando se ponía nerviosa y un día hasta se mojó encima. La llamábamos "regadera".

Un niño tenía unas orejas un poco grandes. No eran demasiado grandes; sólo un poco. Pues bien, todos nos dimos cuenta, así que le pusimos el sobrenombre de "orejas de burro".

Había un muchacho, en el preuniversitario, que siempre andaba con nosotros. No hablaba mucho, pero siempre estaba presente, y le pusimos "sanguijuela".

Otro muchacho tenía un diente delantero demasiado grande. Era bien obvio, especialmente cuando se sonreía. Lo llamábamos "dentudo" y más adelante empezamos a llamarlo "colmillo".

¿Qué tenían en común todos ellos? Todos tenían características originales. Y esas características se volvieron su etiqueta y sus títulos.

Trágicamente, algunas de estas personas que reciben estos sobrenombres inhumanos, los aguantan porque, por lo menos, se hacen conocer por algo, aunque sea un diente delantero grande. Sin embargo, nunca sabremos el dolor profundo que les causamos, aun cuando sonrían cortésmente.

Burlarse de la gente o ponerle sobrenombres, por lo general, es una infamia. La palabra *infamia* la podríamos definir como: "la acción de reducir a una persona a la altura de un objeto, reducir a alguien a la condición de algo, hacerlo infrahumano". No es de extrañarse que nos duela tanto cuando se nos hace burla o cuando se nos ponen nombretes. Sabemos que somos humanos, y como humanos tenemos valor. Y nos entristece y, algunas veces, enfurece, que la gente nos trate como si fuéramos infrahumanos. Semejante burla puede tener un efecto altamente destructivo.

Janis Joplin, estrella femenina del rock and roll de fines de los años sesenta, creció en

Texas. Era una linda niña regordeta y con pecas. Pero en la secundaria, cuando su cara se cubrió de granos y su cuerpo se volvió gordo, se cuenta que sus amigas la rechazaron. Se dice que tenía obsesión con su fealdad. Trató de adaptarse y ganar aceptación haciéndose la bufona, la bromista; pero cuanto más trató, más la criticaron sus compañeras de clase. Se reían y hacían bromas a costillas de ella. Le ponían toda clase de nombretes: "bola extraña", monstruo, cerdita. . . A su vez, ella se unía a la broma para no tener problemas, pero de ahí se iba a su casa a llorar.

Después de todo el abuso y las bromas que sufrió en la secundaria, se fue de Texas y llegó hasta San Francisco. Comenzó a cantar y a beber. De la bebida pasó a la marihuana y de allí siguió con el LSD y por fin con la "gran H", la heroína.

Janis sufrió mucho de odio a sí misma y de inseguridad. Sus amigos decían que no podía pasarse una noche sin una aventura sexual. Finalmente, después de dos años de correrías lesbianas, se "quemó". Para escapar a aquel ciclo inútil de dolor, en una mañana de domingo en octubre de 1970, se encontró a Janis Joplin muerta a la edad de veintisiete años. El diagnóstico médico mostró que había muerto de una sobredosis de heroína.

Lo que el diagnóstico médico no mostró fue que los amigos que Janis tuvo en la secundaria, causaron parte del dolor que la llevó a una muerte tan trágica. Los palos y las piedras podrían haber roto los huesos de Janis, pero los apodos la hirieron mucho más. Rompieron algo mucho más precioso que los huesos: rompieron su espíritu.

La burla y las concesiones

Una observación cortante puede causar probablemente el dolor más grande que una persona pueda sentir. Para evitarlo, solemos estar dispuestos a hacer casi cualquier cosa, incluso hacer concesiones en nuestras exigencias morales. El miedo a lo que la gente pueda decir acerca de ti, puede hacerte caer de rodillas y exclamar: — ¡Espera! ¡Haré cualquier cosa, pero no te burles de mí!

Pienso en los jóvenes que, en realidad, no quieren participar en las drogas o el alcohol, pero que sienten presión para ceder. Exclamo: — ¿Cómo van a arreglárselas ante la presión de prender un cigarrillo de marihuana? ¿Cuántas veces podrá un joven decirle "no" a un amigo que le ofrece un cigarrillo?

No es divertido ser infamado; ser reducido a objeto y ser tratado como algo infrahumano. No es divertido ser llamado con nombres poco delicados. No es divertido que tus amigos se burlen de ti o hagan bromas a tu costa. En realidad, todo esto duele y duele mucho. Este dolor es algo que todos experimentamos y experimentaremos.

La pregunta difícil es la siguiente: ¿Hago concesiones o no? Es muy fácil retroceder y evitar el dolor exclamando: — ¡Esperen!

¡Haré cualquier cosa, pero no se burlen de mí!
— Pero esa decisión equivale a poner en peligro nuestros principios.

En los dos capítulos que siguen, veremos cuál es el precio de las concesiones antes de decidir si valen la pena o no. Quizá haya un camino mejor.

Sentimientos

1. Describe la primera vez que recuerdes que te hayan hecho burla. Cuenta cómo te sentiste.
2. ¿Alguna vez te pusieron algún apodo? ¿Te molestaba?
3. ¿Cuáles son los nombretes con que has llamado a otra gente? ¿Te gustaría que te llamaran así?
4. ¿Se han burlado de ti por ser demasiado recto? ¿Cuándo?

Pensamientos

1. ¿Por qué nuestra reputación es tan importante para nosotros?
2. ¿Por qué nos burlamos de los demás y los molestamos?
3. ¿Conoces a alguien de tu colegio que pudiera ser como Janis Joplin? ¿Cómo tratas a esta persona?
4. ¿Qué haces cuando se burlan de ti?
5. ¿Qué duele más: los palos y las piedras, o el ridículo de parte de nuestros amigos?

3
El precio de las concesiones

Generalmente tenemos mil y una razones para hacer concesiones: — Todo el mundo lo hace. ¿Por qué yo no? — Me hace sentir bien. Además, nadie es perfecto. — Si no me adapto, no voy a tener ningún amigo. — Harvey tiene muchos amigos; quiero ser como él. — Si no lo hago, no querrán salir conmigo —. La lista continúa sin fin. He escuchado por lo menos mil y una razones, todas muy buenas, para ceder. De hecho, he usado la mayoría de ellas. Desgraciadamente, la mayoría de nosotros caemos en el engaño de creer en estas buenas razones antes de darnos cuenta de lo que esas concesiones nos costarán. Las concesiones salen muy caras. Cuestan más que cualquier otra cosa que quieras comprar. ¿Por qué? Porque la decisión de ceder puede costarte la vida.

Bárbara es una gran amiga mía que tiene problema con el alcohol. Viene siempre después de la escuela, para hablar con Sherry (mi esposa) y conmigo acerca de muchas cosas, pero un día estaba realmente disgustada consigo misma: — La vida no tiene sentido — comenzó —. Me enferma la forma en que marchan las cosas. No aguanto más.

Sherry y yo escuchamos muy atentamente a nuestra amiga, mientras ambos tratábamos de comprender lo que estaba sintiendo.

Sé lo que debería hacer. Sé que no debería beber tanto, pero no puedo evitarlo. Me reúno con mis amigos, empiezan a beber y a experimentar con drogas; y muy pronto hago otra vez lo mismo. — Respiró hondo y se dejó caer en la silla impotente —. Odio todo esto. Quisiera poder resistir sola, pero no puedo.

Bárbara fue muy franca con nosotros, porque confiaba en nosotros. Admitió que no podía hacer lo que quería hacer; no podía ser ella misma. Estaba atrapada por sus concesiones y le estaba costando la vida.

La concesiones son una forma de hipocresía

Ceder nos hace hipócritas. Generalmente cuando pensamos acerca de los hipócritas, recordamos la religión: alguien que no vive de acuerdo con sus convicciones religiosas. Pero el diccionario los define de esta manera: "Uno que finge; uno que pretende ser mejor de lo que realmente es. . . sin serlo". Según esta definición, hay diferentes formas en las cuales se puede ser hipócrita; hay hipócritas atléticos, hipócritas académicos, hipócritas musicales e hipócritas sociales. Cuando un muchacho pretende ser el jugador de fútbol más grande después de Pelé, sus amigos le pondrán apodos, pero en realidad es un hipócrita atlético. Esta fingiendo ser mejor de lo que realmente es. Cuando Bárbara se embriagaba, representaba un papel; trataba de ser diferente de la persona que era realmente. Era una hipócrita social, simplemente para conseguir el respeto de sus amigos.

La hipocresía de los mentirosos. ¿Has hecho alguna vez un hombre de nieve? Se empieza con una bola de nieve del tamaño de una pelota pequeña, se coloca sobre la nieve y se hace rodar. Se hace rodar hasta que sea del tamaño de una pelota de basketball, ¡pero nadie se detiene ahí! La hacen rodar un poco más y si se sigue haciendo rodar, se volverá tan grande como uno. Esto es lo que pasa con la mentira. Como dijera Mark Twain: "La única diferencia entre una mentira y un gato, es que el gato sólo tiene nueve vidas."

Nada provoca tantas mentiras como el temor a los iguales. Queremos impresionar tanto a nuestros amigos que exageramos la verdad hasta convertirla en una mentira. La mentira hace a una persona lo que no es. Por lo tanto, cada vez que mentimos, nos volvemos hipócritas.

Cuando conocí a Tom por primera vez, me cayó muy bien. Era atlético. De hecho, después de jugar al tenis con él, me di cuenta de lo atlético que era. Pronto, le tuve mucho respeto, y quise que él sintiera el mismo respeto por mí. De manera que le conté algunas de mis experiencias en el fútbol. Las primeras frases, acerca de que estaba en el equipo de primera categoría de la universidad, empezando a jugar en los equipos ofensivos y defensivos, eran ciertas. Pero no se impresionó, así es que agregué otras historias más "jugosas".

Esos cuentos sí que eran interesantes. Incluso me sorprendí a mí mismo con la imaginación tan fantástica que tenía. Finalmente Tom comenzó a impresionarse. El único problema era que lo que admiraba de mí, ni siquiera era cierto. No era yo. La definición del diccionario se aplicaba a mí: "Uno que finge; uno que pretende ser mejor de lo que realmente es." Tiempo después llamé a Tom y le conté la verdad sobre aquellas historias estrafalarias. Cuando terminé me dijo: — Fred, te admiro de veras por decirme la verdad. — Fui afortunado y me salí de la mentira antes de que las cosas comenzaran a hacerse una bola de nieve. Jorge no fue tan afortunado.

Yo tenía treinta centímetros más de estatura que Jorge. A los dos nos gustaban toda clase de deportes; pero el problema era que lo derrotaba en todo, porque era mucho más grande. Para compensar, Jorge me hablaba sobre el dinero que tenían sus padres y sobre todo lo que poseía. Por un tiempo lo creí, porque sabía que eran muy ricos, pero cuando me empezó a hablar acerca de sus helicópteros y yates, supe que estaba estirando las cosas.

Una noche, mientras cenaba en casa de Jorge, sus padres discutían sobre la forma en que iban a viajar a un estado cercano. Sin pensarlo mucho, sugerí: — ¿Por qué no van en su helicóptero?

Ambos se rieron, como si hubiera dicho

una broma, y yo también me reí. Jorge fue el único que no se rió. Parecía que se había atragantado con un guisante.

— ¿Todo bien, Jorge? — le preguntó su madre.

El seguía en silencio, rojo como un tomate. Físicamente, todo estaba bien; pero las cosas no marchaban muy bien emocionalmente. Jorge había quedado al descubierto en la trampa de la mentira.

Resulta cómico, pero al recordarlo, veo que, lo único que no me gustaba de Jorge eran sus mentiras. Y, sin embargo, eso era lo que él creía que necesitaba para impresionarme. Pero yo no lo necesitaba. El ya me caía bien. Creía que tenía que ponerse a mi nivel de alguna forma para ganar mi aceptación y mi aprobación. Pero él ya era uno de mis mejores amigos. Me caía bien; lo único que no me gustaba era cuando trataba de ser otra persona.

La hipocresía en la vida. Casi todo el mundo siente la presión de actuar en forma diferente de lo que es. El deseo interior de encontrar la aprobación y la aceptación de un cierto grupo o un cierto individuo puede conducir a una persona a hacer casi cualquier cosa.

Cuando estaba en el último año de secundaria, casi todo el mundo fumaba marihuana. Es decir, todo el mundo, excepto Gordon y yo. Una noche íbamos en auto con un grupo de nuestros amigos camino a la ciudad de Nueva York para pasar la tarde. Alguien en el asiento delantero enrolló un cigarrillo de marihuana y lo encendió. Aspiró y lo pasó. Todo el mundo fumaba. — ¿Fumas? — me preguntaron —. ¡No, gracias! — dije, y unos muchachos se rieron. Después de unos momentos de vacilación, Gordon dijo: — ¡Por supuesto!

Le pasaron el cigarrillo de marihuana y lo que sentimos a continuación fue una explosión de tos. Con lágrimas en las mejillas y el cuerpo convulsionado, Gordon trató de aclararse la garganta por largo rato. Todo el mundo se rió de él. Pronto su garganta se aclaró, y también se aclaró que nunca antes había fumado marihuana. Por alguna razón, Gordon sintió que tenía que ser diferente de lo que era realmente.

No le gustaban las drogas, pero cedió en sus principios y se convirtió en el hazmerreír de todos.

En mi colegio, había un muchacho a quien le llamaban "lagartija", no porque pareciera una lagartija, sino porque actuaba como una lagartija. Simplemente se acoplaba a todo el mundo. Cuando alguien iba a jugar ping-pong, él tenía que ir a jugar ping-pong. Cuando alguien iba a escuchar discos, el tenía que escuchar discos. Y cuando se enteró de que todos nosotros íbamos a ingresar en el equipo de fútbol, también ingresó.

No nos llevó mucho tiempo descubrir que no era jugador de fútbol. Después de unos días de prácticas dobles, estaba totalmente descorazonado. Los entrenadores no le tenían ninguna lástima. Le tiraban la pelota y nos decían al resto de nosotros que lo atajáramos. Se me ocurre que querían quitarlo del equipo.

Pues bien, dio resultado. Dejó el equipo y, en lugar de ir a las prácticas todas las tardes, empezó a ir al salón de billar. Al poco tiempo se convirtió en el mejor jugador de billar de la universidad. Encontró lo suyo. No necesitaba el fútbol, y se dio cuenta también de que no tenía que acoplarse a nadie. Comenzó a ser él mismo, y le gustó. No mucho después incluso perdió el apodo de "lagartija", y se hizo famoso como jugador de billar.

Nadie nació para ser hipócrita. Cuando alguien trata de ser diferente de lo que es en realidad, o cuando copia el comportamiento de los que le rodean, en realidad es como si dijera: — Me tengo miedo. Si la gente supiera quién soy de verdad, no sé si le agradaría.

El verdadero problema es el siguiente: a menos que me decida a ser yo mismo, no le caeré bien a nadie de todas formas. De hecho, nadie me conocerá; es decir, nadie conocerá mi verdadero yo. Si le caigo bien a la gente sólo por las mentiras que cuento sobre mí, el que les cae bien es mi yo impostor. Este es uno de los precios de las concesiones y las contemporizaciones.

Si yo no fumo marihuana, no debo fingir que lo hago, sólo para impresionar a los demás. Si no tengo potencial para ser jugador de fútbol, no tengo necesidad de fingirlo.

Puedo hacer otras cosas. Tratar de impresionar a la gente mintiendo o haciéndome el interesante no me va a hacer conseguir lo que realmente quiero. *Hipocresía* es una mala palabra. No conozco a nadie que respete a un hipócrita. Los hipócritas son seres solitarios. De hecho, son ellos los únicos que están totalmente solos, porque son los únicos que se conocen realmente. Algunas veces, el mismo hipócrita se olvida de quién es de veras y entonces está en un verdadero apuro.

Las concesiones cuestan caro. Hacen hipócritas de los mejores de nosotros y nos cuestan la vida.

Sentimientos

1. ¿Qué sientes hacia la gente que miente?
2. ¿Te han atrapado alguna vez mintiendo? ¿Cuándo? ¿Cómo te sentiste?
3. ¿Conoces a alguien en tu colegio que trate de hacerse el listo? Sin nombrarla, describe la forma en que esta persona actúa.

 # Pensamientos

1. ¿Qué es ser hipócrita?
2. ¿Por qué la gente se jacta de las cosas y exagera la verdad?
3. ¿Qué tiene de malo mentir?
4. ¿Por qué hay quien copia a sus amigos?
5. ¿Te parece que es arriesgado dejar que la gente sepa quién eres en realidad? ¿Por qué?
6. ¿Tienes un amigo íntimo con quien puedes ser tú mismo? ¿Qué tiene esta persona que la hace tan especial?

4
La presión de las concesiones

Tú eres parte de la generación del "vive como quieras", que se jacta por su originalidad. Alegas que te vistes diferente, te cortas el cabello en forma diferente, tocas música en forma diferente e incluso hablas diferente a todo el mundo. Lo auténtico y lo original son las descripciones por excelencia de tu generación. Todos quieren ser cabecillas independientes, los que marquen el paso. El más estrafalario es el más listo. Incluso algunas veces sacudes el puño delante de tus padres, e insistes: — ¡No estoy copiando a mis amigos! ¡Lo que pasa es que soy diferente a ustedes!

Yo solía insistir en que mi generación también era original, pero. . . ¿sabes lo que digo ahora? ¡Cuentos!

Cambié de manera de pensar un día en que entré a un merendero y eché una mirada alrededor, para abarcar a la gran cantidad de jóvenes que se encontraban allí. Lo que vi no sólo me impresionó, sino que hasta trajo lágrimas a mis ojos: todo el mundo lucía exactamente igual: los mismos pantalones vaqueros, las mismas camisetas, los mismos cinturones, los mismos cortes de pelo, los mismos zapatos. Me sentí destruido. Me disgustó lo que vi. Todos parecíamos iguales y, de pronto, me impresionó la fealdad de todo aquello.

Pensé: ¿Por qué *todos lucimos prácticamente iguales, nos reímos de la misma manera, escuchamos el mismo tipo de música y, en general, hasta olemos igual? ¿Cómo nos volvimos tan iguales? ¡Nuestra generación del "vive como quieras" es un fracaso!* La única razón por la que todo el mundo actúa con tanta extravagancia, es porque la extravagancia está de moda. Pero como todo el mundo trata de ser diferente, nadie es realmente diferente de los demás. Lo que vi ese día me desilusionó.

Las concesiones son una esclavitud

Más que limitarse a convertirnos en hipócritas, las concesiones pueden esclavizar a la mayoría de las personas. El día en que Bárbara vino y nos dijo: — Quisiera poder permanecer sola, pero no puedo — admitió que era una esclava de su compromiso. Tenía un problema con el alcohol al que no podía enfrentarse, porque no podía ser ella misma cuando andaba con sus amigos. Tenía que ceder para ser como ellos.

Es fácil querer de tal manera ser abrazados o besados o reírnos con alguien, que estemos dispuestos a hacer cualquier cosa. Podemos querer tanto ser aceptados por ciertos amigos especiales, que exclamamos: — ¡Espera! Haré lo que quieras. Por favor, sé mi amigo. — O, en forma más impersonal, podemos doblar nuestras rodillas ante la muchedumbre y exclamar —: ¡Pues bien! Haré cualquier cosa; pero por favor, déjenme unirme a ustedes.

Tan pronto como exclamamos: — Haré cualquier cosa, — nos convertimos en prisioneros de nuestros propios nombres. Nuestra reputación y aceptación social se vuelven nuestros amos, porque estamos dispuestos a hacer cualquier cosa por ellos. Esta atadura es más fuerte que el acero y esclaviza a muchos jóvenes más que las cadenas y los barrotes. Parte de la razón por la que esta esclavitud es tan peligrosa, es que es invisible y nos puede mantener prisioneros sin que ni siquiera nos demos cuenta de ello. Este es el costo de las concesiones. ¡Piénsalo!

Las concesiones son una muerte

En el momento en que empezamos a comprometernos, empezamos a morir, porque dejamos de ser nosotros mismos; las personas que Dios hizo.

Una buena definición de lo que es pecar sería "vivir de una forma que no era la que estaba pensada para nosotros. Esto es lo que hacemos cuando decidimos contemporizar, y así nos robamos a nosotros mismos y a Dios.

La primera criatura que decidió vivir en forma diferente a la que debía, fue Satanás. Fue el primer imitador. No lo satisfacía la forma en que Dios lo hizo, de manera que se dijo: — seré como Dios (busca Isaías 14:14; 2 Tesalonicenses 2:4). El diablo trató de copiar a la Persona de Dios. Una de las jugarretas más comunes del diablo entre los jóvenes es hacerlos copiar el comportamiento de los otros. Apela a los celos de la persona y le hace decir: — Seré como fulano.

Si tu mejor amiga tiene un vestido nuevo, puede que digas: — seré como ella, — y te compras un vestido nuevo como el de ella. Si un muchacho va al bate antes que tú y batea de home-run, mientras los aplausos atronadores suenan en tus oídos, dices: — Seré como él. — Si un compañero de clase tiene una cita con la reina de simpatía del colegio, los otros muchachos dirán: — ¿Por qué no podré ser como él? — A menudo vemos a los otros sobresalir en ciertos campos y nos dedicamos a copiar su comportamiento.

Pablo describe ese juego de "seguir al caudillo" que jugamos muchas veces:

> En los cuales anduvisteis en otros tiempo, siguiendo la corriente de este mundo, conforme al príncipe de la potestad del aire, el espíritu que ahora opera en los hijos de desobediencia, entre los cuales también todos nosotros vivimos en otro tiempo en los deseos de nuestra carne, haciendo la voluntad de la carne y de los pensamientos, y éramos por naturaleza hijos de ira, lo mismo que los demás.
>
> Efesios 2:2, 3

Pablo muestra aquí que el diablo es el imitador más grande y que cuando caminamos siguiendo el comportamiento de los demás, lo seguimos a él. Puede que sigamos inocentemente por un tiempo, pero la Biblia dice: "Hay camino que parece derecho al hombre, pero su fin es camino de muerte" (Proverbios 16:25).

Fuimos creados originales. Lo que quiere decir que, el primer día a cada uno de nosotros se le dieron los ingredientes para que fuera por lo menos parcialmente diferente a cualquier otra persona sobre el planeta Tierra. Antes de que tú nacieras, no existía nadie que fuera exactamente igual a ti. Dios quiere que todos seamos originales.

Sin embargo, en el momento en que empiezas a copiar a algún otro, dejas de ser original. Cuando comienzas el juego de "seguir al caudillo", comienzas a morir. De ahí que copiar a los demás es una forma de suicidio. Estás matando tu propia originalidad. Semejante muerte es una ofensa a Dios, porque El te hizo, y tú le estás diciendo que no hizo un buen trabajo. Esta forma de auto asesinato es, sin lugar a dudas, un pecado.

Seamos sinceros con nosotros mismos

No me fue fácil admitir que mi amigo estaba influyendo sobre mí. Podía ver que otros dejaban que sus amigos influyeran sobre ellos, pero no podía verlo en mí mismo. Era estudiante de secundaria y no quería ser imitador de nadie. Insistía en que tenía personalidad propia y que la opinión pública surtía muy poco efecto en mí. Pero, cuando estaba en primer año, mi padre me dijo que me pelara. Detestaba tener que pelarme. Me gustaba el pelo largo y no quería cortármelo. Como a la mayoría de los padres, a los míos no les gustaba el pelo largo, así es que mi padre me dio dos opciones: — O vas a cortártelo o te lo corto yo. — Lo pensé y, finalmente, decidí dejar que me lo cortara él. ¡Qué error!

Puedo recordar aquello como si hubiera ocurrido hace cinco minutos. Me senté en mi cuarto, en donde no había espejos, así que no pude ver la masacre que tuvo lugar. Me quité la camisa y me senté allí rígido como un cadáver, con los ojos bien cerrados. Tas, tas, tas, todavía puedo sentir cada tijeretazo. Fue como estar despierto durante una operación de corazón abierto. Pero para un recién llegado a la secundaria, me cortaba algo más valioso que mi corazón: me cortaba el cabello.

Mi papá trató de mantener una conversación, pero fue inútil. No podía decir ni una palabra, pero sentía un montón de cosas. Cuando terminó, despacio, torpemente, salió de la habitación. No sabiendo qué más decir, me dijo estas palabras: — Fred, me parece que estás actuando como un tonto en todo esto.

Varios minutos más tarde, cuando hacía rato que se había ido, rodé de la silla a mi cama, hundí la cara en el colchón y lloré. Lloré por largo rato. Después cuando fui al cuarto de baño y, finalmente, me miré en el espejo, lloré mucho más. . . durante todo el almuerzo y el resto del día.

¿Por qué me dolió tanto? ¿Por qué me importaba cómo se veía mi cabello? En ese momento no me daba cuenta de todas mis razones. Todo lo que sabía era que me había dolido. A mí me gustaba el cabello largo; era "lo mío". Le decía a mi papá: — Puede que esa sea la forma en que los miembros de tu generación se pelan, pero no es la forma en que lo hacen los de la mía. Debajo de la superficie, en los rincones de mi corazón, me hacía realmente esta pregunta: — Y ahora, ¿qué van a decir *ellos* de mi pelado tan feo? — Me preocupaba lo que mis amigos del colegio pudieran pensar.

Tanto si decidimos esconder la cabeza en la tierra y negar la influencia de los demás, como si lo admitimos, lo cierto es que nos afecta a todos. El deseo de la aprobación del grupo tiene un efecto sutil sobre todos, y es mejor reconocerlo y enfrentarse a él, que negar su existencia.

Se dice que las ovejas son los animales más rutinarios que el hombre conoce. Les gusta jugar a "seguir al caudillo". Hacen siempre cualquier cosa que las demás ovejas hacen. Rebaños enteros se descarrían o incluso caen por precipicios jugando ciegamente a "seguir al caudillo". No es de extrañar que la Biblia nos llame ovejas: "Todos nosotros nos descarriamos como ovejas, cada cual se apartó por su camino" (Isaías 53:6). Jesús lloró por el pueblo, porque lo vio como ovejas sin pastor, y las ovejas sin pastor no hacen más que seguir a su caudillo.

Cuando jugamos a "seguir al caudillo" y hacemos sólo lo que parece seguro y libre de ridículo, nosotros también podemos despeñarnos por un precipicio para caer en la destrucción. Necesitamos tener cuidado, porque a menudo nuestros juegos son peligrosos.

Después de conocer el precio

A estas alturas, estoy seguro de que ya te diste cuenta de que detesto la palabra concesión; las contemporizaciones son el enemigo más grande de la raza humana. No hay enfermedad conocida que sea más fatal para el pueblo de Dios. Todo lo que necesitamos hacer es modificar nuestras convicciones lo suficiente como para que no sean ofensivas para el grupo, y comenzamos a morir.

Cuando estaba en la secundaria, me cansé del papel de mimeógrafo. Hasta el día de hoy, cuando veo esa tinta púrpura, me enfermo del estómago. Nosotros tampoco fuimos hechos para que seamos copias de mimeógrafo. No debiéramos parecer todos iguales, sonreírnos igual, caminar igual, hablar igual, ni siquiera oler igual. Cuando empezamos a copiar el comportamiento de los demás, dejamos de ser los originales que Dios creó y, desde ese mismo momento, comenzamos a morir.

¿No hay otra forma mejor de actuar ante la oposición?

Sentimientos

1. Describe cómo te sentirías si fueras esclavo.
2. ¿En qué se parecen los estudiantes de secundaria a las ovejas?
3. ¿Qué es más fácil: ser tú mismo, o hacer concesiones?

Pensamientos

1. ¿Por qué las concesiones son una esclavitud?
2. ¿Por qué es difícil admitir que todos copiamos algunas veces el comportamiento de otras personas?
3. ¿Por qué las concesiones son una especie de muerte? ¿Estás de acuerdo con esta idea?

5
Los que parecen cristianos

El colegio no es el único lugar en donde puedes caer entre las garras de la contemporización. En la iglesia, se te puede presionar para que actúes como un cristiano, aún cuando no lo seas.

¿Te has sentido alguna vez como si estuvieras jugando en el "concurso de parecerse a Jesucristo"? Es muy fácil jugar. Todo lo que tienes que hacer es aprender a decir: "¡Bendito sea el Señor!", usar una insignia de Jesús o una cruz; orar antes de las comidas; leer la Biblia de vez en cuando (pero no demasiado seguido) e ir a reuniones cristianas una que otra vez. ¡Oh, sí! Debes tener también alguna experiencia religiosa emocional. Simplemente levanta tu mano en una reunión evangelística o camina por el pasillo de alguna iglesia, y eres candidato para el concurso.

Hay tantos hipócritas en la iglesia como los hay en el colegio. Podemos fingir que somos muchachos muy buenos y morales y pasar un tiempo en la iglesia los domingos, mientras vivimos en el pecado durante el resto de la semana.

El falso cristianismo

El peor enemigo del verdadero cristianismo es el cristianismo falso, o el cristianismo con concesiones. El cristianismo falso es una enfermedad que es fácil de contraer y casi imposible de quitarse de encima. Se transmite de persona a persona como el resfriado y, sin embargo, es tan mortal como el cáncer. Todo lo que tienes que hacer es inyectarte suficiente "suero de Jesús" como para hacerte inmune ante el Jesús real. Karl Marx escribió: "La religión... es el opio de los pueblos." Desgraciadamente, esto puede ser verdad para mucha gente que no ha probado nada más que un "suero de Jesús" falso. Este tipo de cristianismo falso no es nada más que un narcótico utilizado para evitar la realidad.

El cristianismo falso tiene muchas maneras de manifestarse. Echemos un vistazo a algunas de ellas.

Las "evangelimedusas". Estas son una imitación de cristianos que se asemejan mucho a los evangélicos, pero no lo son.

Puede que hayas visto a algunas de estas criaturas. Parecen y actúan como una medusa marina.

Los científicos dicen que la medusa no tiene columna vertebral y que se deja arrastrar por la corriente. Cuando la corriente viene, ellas vienen. Cuando la corriente se va, ellas se van. Estan compuestas en un noventa y seis por ciento de agua, de manera que cuando son arrastradas hasta la orilla y expuestas al sol, casi desaparecen.

¿Has visto alguna vez a un cristiano que se arrastre con la opinión pública? Son criaturas sin columna vertebral propia, así es que,

cuando los que están a su alrededor hablan de
Jesús, a ellos no les importa hablar de Jesús.
Pero cuando se hace burla de Jesús, permane-
cen muy callados. Las "evangelimedusas" su-
ben y bajan según con quien se encuentren.
De hecho, cuando se presentan las dificultades (cuando sale el sol), se sabe que algunas
"evangelimedusas" se encogen y desaparecen por completo. Su especialidad son las
concesiones.

Los habitantes de las cercas. Son otra raza
muy común entre los cristianos falsos. Puede
que los hayas visto. Florecen en casi todos los
ambientes religiosos, y se los puede ubicar a
horcajadas en casi todas las cercas.

El habitante de las cercas tiene un pie
plantado firmemente en la iglesia, sabe mucho acerca de la Biblia y obtiene una buena
puntuación en detalles religiosos. Puede reci-
tar Juan 3:16, las cuatro leyes espirituales y el
Padrenuestro. Conoce todos los himnos y
puede orar a la par de los mejores. Generalmente, los habitantes de las cercas han sido
criados en la iglesia y se han alimentado con
comida de Jesús recalentada desde que empezaron a comer. Si la familiaridad ocasiona
hastío, el ejemplo perfecto es el habitante de
las cercas.

Desgraciadamente, el habitante de las cercas tiene el otro pie firmemente plantado en
el mundo. Aun cuando está repleto de prohi-
biciones, tales como: "No vayas a fiestas",
"No fumes," "No escuches la radio," "No

digas malas palabras delante de tu abuela," el habitante de las cercas, generalmente, se las arregla para meterse en más líos de los que debiera.

Como tiene un pie en el mundo y un pie en la iglesia, esta criatura por lo general experimenta mucho dolor. También es algo que da miedo, porque debajo de él se halla la boca de la hondonada del Gran Cañón, pronta para tragarse su cuerpo si da un paso en falso.

Jesús describió semejante vida de concesiones cuando dijo: "Ninguno puede servir a dos señores; porque o aborrecerá al uno y amará al otro, o estimará al uno y menospreciará al otro. No podéis servir a Dios y a las riquezas" (Mateo 6:24).

Los habitantes de las cercas, no solamente padecen de mucho dolor, sino que cuando caminan, cojean mucho, por la postura a horcajadas en que se mantienen.

Los camaleones. Un camaleón es alguien que se asemeja mucho a un cristiano verdadero, pero es un cristiano falso.

En el mundo de los reptiles, el camaleón es una lagartija muy original, que es capaz de cambiar su color para hacer juego con una serie de ambientes. Los cristianos que tienen esta enfermedad particular son muy difíciles de descubrir, a pesar de ser muy comunes, porque son capaces de mezclarse muy bien con el fondo en cualquier parte. Uno de sus hábitos es no sobresalir en ningún terreno y negarse a ser controversiales u ofensivos.

Están dispuestos a hacer concesiones en menos de un segundo.

Verás que los camaleones existen, pues puedes encontrarlos, en casi toda clase de climas. Les va muy bien en los edificios de las iglesias, en reuniones donde se fuma marihuana, en las discotecas, en las cruzadas evangelísticas, en las playas nudistas y donde sea. Pero tienes que buscarlos, porque no sobresalen. No se les conoce por nada extraordinariamente bueno. De hecho, son casi desconocidos.

Si llegas a descubrir uno, no tienes por qué temerle. Es inofensivo. Sólo cuidate de no empezar a copiar su comportamiento: si así fuera, estas palabras de Jesús podrían aplicarse también a ti:

Hipócritas, bien profetizó de vosotros Isaías cuando dijo:
Este pueblo de labios me honra;
Más su corazón está lejos de mí.
Pues en vano me honran,
Enseñando como doctrinas, mandamientos de hombres.

Mateo 15:7-9

La enfermedad común de las concesiones "cristianas"

¿Qué tienen en común las "evangelimedusas" los "habitantes de las cercas" y los "camaleones"? Todos padecen variedades de una enfermedad común conocida como "cristianismo falso"; de hecho, son tan comunes, que el cristianismo genuino es difícil de distinguir.

El otro día, mientras caminaba, miré hacia arriba y vi una cruz encima de un edificio. Su silueta muy alta se destacaba contra el cielo. Entonces un sinsonte voló y aterrizó muy cerca de la cruz. Mientras permanecía allí, medité sobre ello, me asombré del simbolismo. ¡Cuántos sinsontes aterrizan cerca de la cruz y fingen que cantan la canción cristiana, sólo para levantar el vuelo hacia alguna otra parte y cantar otra canción!

Hay muchas falsas imitaciones de Jesucristo en el mundo de hoy. Pablo describió a esa gente como ". . .amadores de los deleites más que de Dios, que tendrán apariencia de piedad, pero negarán la eficacia de ella; a estos evita" (2 Timoteo 3:4, 5). Por lo tanto, necesitamos estar seguros de no ser simples sinsontes.

El ABC de no conocer a Jesús

El sinsonte sólo conoce tres notas: A, B y C. (Nota del editor en castellano: A, B y C equivalen a *la, si, do*.) A, por *actividades*, B por *bancas* y C por *compañía*. Cada nota es necesaria para que el sinsonte sea capaz de cantar su familiar tonada.

A: *Actividades*. Es muy fácil participar en un montón de actividades religiosas buenas: escuela dominical, cultos, grupo juvenil, reuniones de oración, estudios bíblicos, coros y demás. . . y nunca conocer a Jesús. Cuando participamos en actividades cristianas, es muy fácil adaptarse sin conocer nunca a Jesús. Las actividades no nos salvan.

B: *Bancas*. ¿Alguna vez has escuchado un sermón a saltos? Es muy fácil de hacer. Simplemente siéntate en una banca de la iglesia, con los ojos fijos en el púlpito, y murmura para ti mismo: ¡Sí! ¡Sí! ¡Sí! ¡Sí! a lo largo del sermón. No desafíes nada. No te hagas ninguna pregunta y, ni siquiera, pienses. Simplemente, siéntate en tu banca en forma pasiva y salta: ¡Sí! ¡Sí! ¡Eso es! ¡Sí! ¡Sí!

Ciertamente, no hay nada de malo en creerlo todo. De hecho, sin creer en Jesús, no es posible ser cristiano. Pero, si bien es cierto que somos salvos por la fe, es posible conocer pasivamente qué es lo correcto, sin tener una fe viva y activa. La Biblia dice que el conocimiento intelectual solo, no sirve para nada: "Tú crees que Dios es uno; bien haces. También los demonios creen y tiemblan" (Santiago 2:19). Uno puede dar "saltos cristianos" en una banca y conocer lo que debe creer, sin conocer realmente a Jesús.

C: *Compañía*. Podemos tener amigos cristianos muy morales y, sin embargo, no conocer a Jesús personalmente. Jesús dijo que separaría a las ovejas de los cabritos (busca Mateo 25:31-33), pero hoy en día caminamos todos juntos. Es muy fácil para un cabrito caminar junto a las ovejas lo suficiente como para aprender a balar como ellas: ¡Beee! ¡Beee! Incluso comenzará a oler como las ovejas si anda con el rebaño por un tiempo. Es posible juntarse con amigos cristianos y tener relaciones cristianas limpias sin conocer de veras a Jesús.

Este es el "ABC" del sinsonte. Desgraciadamente, los sinsontes son aves que sólo copian y no tienen una tonada auténtica propia.

Los cristianos secretos

Las "evangelimedusas", los "habitantes de las cercas" y los "camaleones" se parecen todos a Jesús, pero no son de Jesús. Sin embargo, hay otra clase de personas que puede que sean cristianas genuinas, pero que tienen su propia enfermedad: quieren vivir como agentes secretos, como muñecos en cajas de resortes. La gente que es así pone su fe en Jesús sólo para salvación eterna y, en verdad, habita en ellos el Espíritu de Dios, pero su condición de cristianos genuinos es el mejor secreto que guardan.

Los "agentes secretos" (cristianos "cajita de sorpresa"). Durante toda la semana, el agente secreto mantiene su cabeza nacida de nuevo en su caparazón también nacido de nuevo como una tortuga. . . hasta el domingo por la mañana cuando, ¡pop!, salta de la caja, canta himnos y sonríe e incluso cierra los ojos con todo el mundo; sólo porque hay seguridad y no hay moros en la costa. Entonces, después del servicio de la noche se va a su casa, se arropa en la cama, se cubre la cabeza con las frazadas y se duerme, pensando en que las cosas van a ser diferentes el lunes por la mañana durante las clases. Y así sigue la vida para el agente secreto, semana tras semana.

Los agentes secretos son hipócritas: están escondiendo su verdadera identidad de hijos de Dios. El agente secreto vive temeroso de la reacción de sus amigos si se llegaran a enterar de que, en realidad, es un verdadero seguidor de Jesús. Los agentes secretos están atrapados por el miedo a sus iguales, y temen asumir una posición solos. Se niegan a decir la verdad acerca de sí mismos, por miedo al rechazo, y encuentran mucho más seguro viajar de incógnito. Los agentes secretos están más preocupados por el aplauso de los hombres que por el aplauso de Dios; están más preocupados acerca del "qué dirán" que de lo que piense Dios.

Por cuanto eres tibio. . .

Todos los mencionados en las páginas anteriores tienen una característica común sobresaliente: ¡todos ellos hacen que Dios se enferme del estómago! El estómago de Dios se enferma cuando observa a una "evangelimedusa" arrastrándose con la corriente de la opinión pública. Su estómago no puede aguantar a los "habitantes de las cercas", con sus piernas a horcajadas, una en el mundo y la otra en la Iglesia. Observa al camaleón cuando cambia sus colores según con quién se encuentre. Y a Dios le vienen náuseas cuando ve a un hijo suyo tratando de jugar al agente secreto. Todas estas son concesiones aparentemente cristianas. Cada una es una variedad del cristianismo falso que Dios no puede tragar. Algún día formarán un gran charco de vómito tibio (Apocalipsis 3:16).

Las concesiones en el cristianismo son muy costosas.

Sentimientos

1. ¿Te puedes identificar con este capítulo? ¿Cómo te hace sentir?
2. ¿Te has encontrado alguna vez con cristianos falsos? Describe sus características.
3. ¿Te has sentido alguna vez presionado para "actuar como cristiano"? ¿En qué forma?
4. ¿Cómo te sentirías de "agente secreto"?

Pensamientos

1. ¿Cómo describirías al cristianismo falso?
2. En tus propias palabras describe a los siguientes personajes:
   a. La evangelimedusa
   b. Los habitantes de las cercas
   c. Los camaleones
   d. Los sinsontes
   e. Los agentes secretos
3. ¿Cuál variedad de cristianismo falso es la más común?
4. ¿Por qué la gente mencionada en este capítulo le da náuseas a Dios?
5. Compara el cristianismo falso con el verdadero.

6
Creado para ser yo mismo

Cuando la muchedumbre exclama: — ¡Haz lo que hacemos nosotros! — podemos dejarnos llevar por las presiones o decir —: ¡No, gracias! Prefiero hacerlo a mi manera.

Todos nos damos cuenta de que cualquier desviación con respecto a las normas sociales es peligrosa. Se pueden burlar de nosotros o tirarnos a los leones. Algunas veces dirán abiertamente: — ¡Eh, no puedes hacer eso! *Nadie* lo hace. Tienes que ponerte en fila y jugar a "seguir al caudillo", como el resto de nosotros.

Cuando ocurre semejante ataque, te enfrentas con esta decisión: ¿contemporizo o lo hago a mi manera?

El otro día, mientras iba en auto con uno de mis mejores amigos, me dijo cómo le habían enfermado las presiones para que hiciera concesiones, hasta que decidió hacer las cosas a su manera. El asiste a una secundaria del lugar. Toca la guitarra y el piano en un conjunto de música cristiana y ha compuesto una serie de canciones. También juega al basketball y al tenis, y es el primero de su clase. Le pregunté: — Eh, Scott, ¿fuiste siempre tan sociable como lo eres ahora?

Me miró como si no debiera haber hecho una pregunta tan tonta. — ¡De ninguna mane-

71

ra! Yo era uno de los muchachos más tímidos del colegio. Pasaba mucho tiempo solo; leía durante horas y pasaba más tiempo aún practicando basketball solo.

— ¿Cómo es posible?

— No tenía ningún amigo de veras. Los muchachos se burlaban de mí por mis buenas notas.

Me asombré tanto que no supe qué decir. Después de unos momentos, le pregunté:

— ¿Cómo te sentías cuando vivías así?

— La verdad es que era duro — me dijo Scott —. Sentía mucha presión para ser como todo el mundo, pero no podía serlo. No quería fumar marihuana. No sabía bailar. Vivía mucho dentro de mí mismo, en mi imaginación; en una especie de mundo de fantasía. Ahora, cuando miro hacia atrás, apenas puedo creer cuánto tiempo pasé con mis propios pensamientos. Me sentía muy solo.

Sabía que Scott me relataba algo muy importante para él, y lo respeté por ser tan sincero. La mayoría de los humanos no somos tan sinceros con nosotros mismos; mucho menos con nuestros amigos.

— Pues bien — le pregunté —, ¿qué te ayudó a cambiar hasta lo que eres ahora? ¡Eres tan sociable y tienes tanta confianza en ti mismo!

— ¡Oh, fue muy fácil! Cuando me encontré con Jesús, por primera vez en mi vida, fui capaz de amarme a mí mismo. Me ayudó el darme cuenta de que Jesús había sentido mi dolor. El sintió el dolor del rechazo. El supo lo que era ser maltratado como yo.

Yo estaba pendiente de cada palabra.

—Entonces, cuando sentí su amor y su aceptación, fui capaz de aceptarme a mí mismo. No necesitaba ser alguien que no era. Pensé que si El podía aceptarme tal como soy, ¿por qué no podía aceptarme a mí mismo? Creo que también significa mucho para mí el hecho de que El me creó. Si El me hizo, no puedo estar tan mal hecho, ¿no es cierto? — Todavía puedo recordarlo resplandeciente mientras me lo contaba.

Continuó: — Cuando abrí mi corazón a su amor, El me liberó de veras. No puedo explicarlo, pero me liberó de mi timidez. Incluso me liberó de mi aburrimiento y mi soledad. Por sobre todo, me permitió amarme a mí mismo. Bendigo a Jesús porque me quiere.

Scott sabía lo que era estar atado a las cadenas del miedo a los iguales. Había sabido lo que era que se burlaran de él y sentido el dolor de los comentarios críticos. Pasó mucho tiempo solo y retraído en un mundo propio. Pero en lugar de ceder, encontró otra alternativa. Descubrió que podía ser él mismo. Y apenas se aceptó a sí mismo, sus amigos de la escuela empezaron a aceptarlo también.

Jesús sintió mi dolor

Lee Harvey Oswald fue un joven solitario. Nunca supo que Jesús sentía su dolor. Fue criado por una madre muy dominante, que no le demostró ningún afecto, amor ni disciplina. Sus amigos de la escuela lo trataron poco, y a los trece años su sicólogo del colegio dijo que él no sabía lo que era ser amado. Las chicas se burlaban de él y los muchachos lo golpeaban. Como un escape a tanto abuso, se unió a los boinas verdes, pero sólo para encontrar más abuso allí. Lo llamaban Ozzie, el Conejo, lo que detestaba, así es que se enredó en muchas peleas, se rebeló y, finalmente, compareció ante una corte militar donde lo dieron, deshonrosamente, de baja de los boinas verdes.

Así quedó sin familia, sin amigos y sin amor. Estaba perdiendo el cabello y no tenía ninguna habilidad ni respeto por sí mismo.

Finalmente, se casó con una inmigrante que le dio dos hijos. Pero pronto, incluso su matrimonio — la única fuente de seguridad que conoció jamás — se empezó a desmoronar, y su esposa lo odió. Como había perdido todo sentido de valor personal, un día se arrastró hacia ella, suplicándole con lágrimas que le demostrara un poco de atención. Delante de sus amigos ella se burló de su fracaso y ridiculizó su impotencia.

Finalmente, su ego quedó completamente destrozado y perdió todo afecto humano. Unos días más tarde, el 22 de noviembre de 1963, fue al garaje, tomó un rifle, se fue hasta Dallas y le hizo un par de disparos a la cabeza al presidente John Fitzgerald Kennedy.

Lee Harvey Oswald no conoció el amor o el afecto. Todo lo que conoció fue el agudo dolor de un ego destrozado. Sintió el punzón de las burlas desde su más tierna edad hasta su juventud. Sufría de neurosis por tanto abuso. De modo que, desde su posición, sin ninguna fama, respeto, popularidad o belleza, se elevó para matar a la persona más respetada, más popular, la más "hermosa" del mundo de entonces.

¿Qué hubiera ocurrido si esta trágica persona hubiera sabido que Jesús había sentido sus sufrimientos? ¿Qué hubiera pasado si Lee Harvey Oswald hubiera sabido que Jesús lo amaba a él personalmente? ¿Qué hubiera pasado si Oswald hubiera sabido que Jesús había sido despreciado y rechazado, que había sido un hombre de infortunios y familiarizado con el dolor? Si hubiera sabido esto, podrían estar vivos todavía tanto él como John F. Kennedy.

A Scott lo maltrataron también. Los muchachos se reían y se burlaban de él. Scott sufría mucho. Al volver de la escuela solía tomar su pelota de basketball y tirarla dentro del tablero, porque haciéndolo se sentía seguro; estaba libre del ataque de sus amigos de la escuela. Le hacían tanta burla y lo maltrataban tanto que se sentía más cómodo cuando se retraía y se quedaba solo.

Después de un partido de basketball en el que Scott obtuvo un puntaje muy alto, pensó: — !Ahora me aceptarán por fin!—Mientras corrían para los vestuarios, sus compañeros de equipo se reunieron alrededor de Scott, pero en lugar de aclamarlo, lo empujaron y pincharon y abusaron de él más que nunca. Lo golpearon en la cara y le dieron bofetadas. Entonces uno de ellos dijo: — ¡Vete a tu casa, Scott! Los cerebros no juegan al basketball. — Cuando Scott se fue a su casa, iba herido. Sintió el dolor del rechazo de parte de sus amigos, y supo lo que se siente al estar solo. Lo detestaba.

¿Cómo pudo Scott enfrentarse a todas esas heridas? Encontró a Alguien que había sido lastimado mucho más que él: encontró a Jesús. Y Scott se dio cuenta de que Jesús tampoco era alguien que llamara la atención; no era ninguna gran personalidad. Se burlaron realmente de El, lo maltrataron y lo escupieron; le pusieron más apodos que a la mayoría de nosotros (como príncipe de Satanás, pecador, glotón y borracho); que fue rechazado por sus mejores amigos. Fue un marginado social. No soportaban mirarlo, y lo abofetearon y le tiraron de la barba; mientras su cuerpo se balanceaba en la cruz, derramando lágrimas y sangre y mientras se iba ahogando, ya moribundo, la muchedumbre todavía gritaba: — ¡Vamos, tonto, cede! — Cuando Scott se dio cuenta de que Jesús, la Segunda Persona de la Trinidad, experimentó de veras todos los mismos dolores que él sentía, se sintió amado. Scott se dio cuenta de que Jesús sabía lo que se siente al tomar una posición solo y que se burlen de uno. De hecho, Scott se dio cuenta de que Jesús atravesó por tanta basura para que pudiéramos entender cuánto nos ama Dios y cuánto comprende nuestro dolor.

Podemos sentir diferentes clases de dolor. Todos los años, dos millones de niños descubren que sus padres se están divorciando, y eso duele. (*Boston Globe*, 7 de noviembre de 1978). Un sociólogo de la Universidad de Rhode Island calculó que dos millones de niños más son golpeados cada año. (*Boston Globe*, 21 de noviembre de 1978). Los patean, los muerden, les dan puñetazos, los golpean, los acuchillan y, algunas veces, hasta se les pega un tiro.

Todo ese abuso a los niños duele. No es de extrañar que cada noche tantos niños se duerman llorando.

Los años adolescentes están llenos de dolor. La mayor parte del dolor lo ocasionan los adultos; otra parte nos la ocasionamos nosotros mismos. La pena la causan las bocas burlonas en los vestuarios y las lenguas burlonas en los corredores. Pero, sin importarnos la causa, todos necesitamos alguna forma de enfrentar al dolor.

¿Te ha maltratado alguna vez una pandilla de amigos burlones? ¡Duele! Pero si has sentido esta pena, tengo buenas noticias para ti: Jesús también sintió tu dolor. El es Dios y sintió cuanto tú sientes. Más aún: El puede estar contigo y ayudarte a manejarlo.

El me aceptó

Después de que Scott se dio cuenta de que Jesús había sentido su dolor, no tuvo que preocuparse por esconderse de los muchachos de la escuela, porque era consolado por Jesús, El Dios-hombre que sintió todo lo que él sentía. Scott pudo abrirse a sí mismo y a los demás. A pesar de que sus amigos lo rechazaban, Jesús lo aceptaba. Scott encontró en Jesús un verdadero amigo. Alguien con quien podía ser él mismo. Alguien en quien podía confiar siempre, con quien siempre podía hablar y con quien siempre podía contar.

¿Sabes que Jesús nos acepta? Cuando pensamos en todas las veces que nos equivocamos, todas las veces en que herimos a otra gente y nos herimos a nosotros mismos, es difícil verdaderamente creer que Dios nos acepta. Cuando pensamos en el dolor que les ocasionamos a nuestros padres, en las leyes que quebrantamos y en todo lo malo en que nos hemos metido, resulta difícil creer que Dios todavía alarga su mano hacia nosotros. Pero sí lo hace.

En un mundo lleno de rechazo y dolor, Dios dice: — Sé cómo te sientes, conozco lo que atraviesas. Sé con qué facilidad te disminuyes a ti mismo. Sé lo que es ser rechazado. (La gente me rechazaba todo el tiempo.) Sé, incluso, lo que es ser rechazado por ti. Así y todo te quiero y te acepto tal como eres.

Cuando estaba en la secundaria, tenía una amiga que me gustaba mucho, pero que no conocía a Jesús. Su vida era bastante complicada. Andaba muy metida en drogas y tenía muchos problemas en la casa. Quería que ella conociera a Jesús. Así es que decidí invitarla a una cruzada evangelística de Billy Graham. Para mi sorpresa, ella aceptó.

Fuimos en ómnibus a la ciudad de Nueva York y entramos en el estadio Shea, junto con miles de personas. Conseguimos buenos asientos, y parecía como que ella absorbía el mensaje. Graham predicó maravillosamente y me daba cuenta de que ella estaba emocionada. Cuando dieron la invitación, ella quedó allí sentada y no se movió.

Quedé un poco desilusionado, de modo que en el ómnibus, de camino a casa, le pregunté: — ¿Quieres entregarle tu vida a Jesús?

Me miró muy seriamente y me dijo: — Me gustaría mucho darle mi vida a Jesús.

Me entusiasmé mucho. — ¿Pues bien, quisieras orar conmigo? Lo puedes hacer ahora mismo.

— Fred — me explicó —, me gustaría darle mi vida a Jesús, pero estoy demasiado enredada. Quizá algún día, cuando tenga cuarenta y cinco años y esté casada, después de que se me vayan todos estos deseos alocados, podré ir a una cruzada de Billy Graham y caminar hacia el frente para encontrarme con Jesús. Entonces podré enderezar mi vida. — Me dolió mucho oírla decir esas palabras. Hice todo lo posible por convencerla de que no tenía que limpiar su vida antes de entregarse a Jesús, pero no me lo creyó.

Esto ocurrió hace más de ocho años, y por lo que sé, todavía está esperando para limpiar su vida. Si eres así, amigo mío, por favor, no esperes más. Por favor, no digas: — Estoy demasiado sucio. — Jesús se especializa en vidas sucias. Algunos de sus mejores amigos fueron alcohólicos, prostitutas, ladrones y asesinos.

Dios quiere que lo oigas decir: — Te amo tal como eres. No te cambies. Ven como estás.

Cuando Scott descubrió que Jesús lo aceptaba, sintió amor. Por primera vez en su vida, pudo decir: — Jesús, si Tú puedes aceptarme a mí, ¿por qué no podría yo aceptarte a ti? — Además, al aceptar el amor de Dios en Jesús, Scott pudo aceptarse a sí mismo.

A pesar de que los amigos de Scott lo rechazaron, Jesús lo aceptó. Scott encontró en Jesús un Amigo verdadero, alguien con quien podía ser él mismo, alguien en quien siempre podía confiar, con quien podía conversar y contar.

¿Sabes que Jesús te acepta tal como eres? ¿Sabías que no tienes que limpiar tu vida antes de entregarte a Jesús? Jesús te ama así como eres. Es un Amigo verdadero y quiere que lo conozcas personalmente.

Dios me creó

Scott también se dio cuenta de que Dios lo creó. Hoy en día tenemos docenas de razonamientos para no creer que Dios nos creó. Los científicos sugieren que existe la supremacía del más fuerte en la vida animal, y que las leyes naturales de la evolución produjeron la existencia del hombre; esta teoría le quita a la humanidad valor personal y dignidad. Con el gigantesco y trágico aumento de abortos, todos nos damos cuenta también de que fácilmente podríamos haber sido abortados. Con toda la violencia que observamos en nuestra sociedad, es fácil perder la noción del valor de la vida. Las estadísticas demuestran que el promedio de los jóvenes en sus últimos años de secundaria han visto 18.000 crímenes en la televisión. Hay tres veces más suicidios entre los jóvenes hoy en día, que hace veinte años. Se calcula que todos los años unos 400.000 jóvenes tratan de suicidarse y unos 100.000 lo consiguen. Entre la gente de quince a veintinueve años, la única causa de muerte que sobrepasa al suicidio son los accidentes automovilísticos.

Cuando pienso en estas cifras y en la situación de tantos niños, caigo de rodillas y exclamo: — *¡Oh, Dios! ¡Qué está faltando! ¿Qué es lo que la juventud necesita oír para convencerse de que es valiosa, de que la vida es digna de ser vivida?* —Estas son las palabras que vienen a mí —: *Diles que yo los creé y que ellos tienen gran valor para mí.* Deja que estas palabras repercutan en tu cerebro miles de veces.

Es por esto que uno de los hombres más sabios que vivieron, dijo: "Acuérdate de tu

Creador en los días de tu juventud, antes que vengan los días malos, y lleguen los años de los cuales digas: No tengo en ellos contentamiento" (Eclesiastés 12:1).

Para decirlo en otras palabras: — Oye, joven, antes de que empieces a decirte a ti mismo: "¿Por qué no me suicido?", recuerda que Dios te creó a ti personalmente.

Cuando Scott escuchó este consejo, recordó a su Creador, se dio cuenta de que no era un producto biológico de la naturaleza, sino, en realidad, el trabajo personal de la mano de Dios y pudo aceptarse a sí mismo y decirle a su Creador:

> Porque tú formaste mis entrañas;
> Tú me hiciste en el vientre de mi madre.
> Te alabaré: porque formidables, maravillosas son tus obras;
> Estoy maravillado,
> Y mi alma lo sabe muy bien.
> No fue encubierto de ti mi cuerpo.
> Bien que en oculto fui formado,
> Y entretejido en lo más profundo de la tierra.
> Mi embrión vieron tus ojos,
> Y en tu libro estaban escritas todas aquellas cosas
> Que fueron luego formadas,
> Sin faltar una de ellas.
>
> Salmo 139:13-16

Scott aprendió a amar su propia persona, que Dios había creado, a pesar de lo que pensaran los demás. A pesar de que sus amigos del colegio todavía se reían de él por diversas cosas, Scott fue capaz de aceptarse a sí mismo, porque sabía que era hechura de Dios (Efesios 2:10).

Dios quiere que tú sepas que tienes mucho valor para El. Quiere que sepas que te hizo para que seas la persona que eres. Porque El te hizo, eres hermoso, a pesar de lo que puedan pensar. Jesús ama tu sonrisa y la forma de tu nariz. Ama tus cabellos, tu tamaño y tu forma. Te ama aun cuando tú no te ames a ti mismo.

El ingrediente que falta

Es imposible ir copiando todo el tiempo hasta llegar al Reino de Dios. Actuar como cristianos no nos hace cristianos, así como actuar como árboles en una obra de teatro del colegio no nos hace ser árboles. ¡Es imposible! La única forma de ser árbol es nacer árbol y la única forma de ser cristiano es nacer de nuevo.

Hablando con Scott le pregunté cómo se había hecho cristiano. Sonrió y me dijo: — Pues bien, crecí en la iglesia y fui a la Escuela Dominical toda mi vida, pero me di cuenta de que me faltaba algo. Las cosas eran insípidas y aburridas, pero no sabía por qué. Cuando lo pensé, supe que lo que me faltaba era Jesús.

Me explicó este ejemplo: — Estaba sentado en mi cama un día, y miré a mi radio de transitores con su auricular colgando de él.

Podía aumentar el volumen tan fuerte como quisiera, pero no oiría nada. Podría saber todo acerca del radio: cómo deshacerlo y armarlo de nuevo. Pero, hasta que no pusiera el auricular en mi oído, no podría oír la música. Así eran las cosas entre Jesús y yo. Tenía los cables para el sonido, pero no sabía nada acerca de El, no había música, hasta que puse a Jesús en mi vida. ¡Y entonces sí que pude escuchar la música!

La vida de Scott era aburrida e insípida. Escuchar sermones desde su asiento era como tratar de comer arena. Todo lo que podía hacer era copiar el comportamiento exterior de aquellos a quienes consideraba cristianos, pero no había nada de verdadero en ello. Sólo estaba actuando. Entonces se dio cuenta de que podía conocer a Jesús en persona.

Scott dice que habló con Jesús: — Le dije: "Jesús, sé mucho acerca de ti, pero no te conozco. Estoy cansado de caminar detrás de la masa cristiana. Ahora mismo, ven a mi vida y toma control de ella. Hazme la persona que Tú querías que fuera cuando me creaste".

¿Sabes lo que ocurrió? ¡Jesús lo hizo! Jesús comenzó a vivir en Scott, y desde aquel momento Scott nació a la vida cristiana auténtica. No tenía que preocuparse más por actuar como cristiano. ¡Ahora lo era de veras! Scott pasó del charco de vómito tibio, a la fuente de vida.

¿Has aceptado a Jesús alguna vez? ¿Has abierto alguna vez tu corazón a su amor para dejarlo entrar y llenarte de paz y alegría? ¿Por qué no le hablas ahora mismo?

Ceder o no ceder. . .

Scott fue capaz de soportar un montón de críticas y de sentir mucho dolor. Todo aquello lo impulsaba a ceder, pero se dijo: — No, gracias, prefiero ser yo mismo. — Vi cómo su vida cambió en los últimos años. Ahora es uno de los muchachos más respetados en el colegio. Una vez que aprendió a aceptarse a sí mismo como la persona que Dios había hecho, se volvió más aceptable para los demás. Las amistades verdaderas y profundas que Scott tanto quería hace algunos años, ahora son suyas porque se atrevió a ser él mismo, aun cuando la muchedumbre decía: — ¡No puedes hacer eso!

Nadie nació como una copia. Todos nacemos originales. Una vez que morimos, no habrá ningún otro exactamente igual a nosotros. Cuando vemos en el colegio a alguien a quien respetamos verdaderamente y tratamos de copiar su comportamiento, estamos jugando a "seguir al caudillo", y estamos dejando de alcanzar todo nuestro potencial. El problema es el siguiente: no puedes mirar a ninguna persona y encontrar en ella perfección. Esta es la diferencia entre nosotros y las máquinas. Hay un modelo de moto y todas las que se hacen según ese modelo parecen iguales. A no ser que las piezas estén unidas perfectamente según el modelo, no funcionarán apropiadamente. Incluso un emparedado cualquiera necesita tener una cierta cantidad de ingredientes. Pero la gente es diferente. No hay una manera precisa de reírse o de hablar. No se puede encontrar un modelo de peinado que todos deberían usar. ¡Qué aburrido! Necesitamos mantener nuestra individualidad. Esto quiere decir que necesitamos aprender a decir: — ¡No voy a ceder!

Si has sufrido y te han criticado mucho por ser la persona que Dios te hizo, entonces deja que el hecho de que Jesús sintió tu dolor te toque donde te duele. Si te han menospreciado y rechazado, no creas que estás solo en tu dolor. Jesús está contigo; El sabe lo que se siente.

Si te convencieron de que contemporizaras y has "seguido hasta convertirte en un montón de basura, no creas que Dios se dio por vencido contigo. ¡No lo hizo! Si tu vida se asemeja al basurero local (llena de accidentes, material inservible y piezas desechadas), no creas que Dios te ve de esa forma. Dios te acepta. Quiere que vuelvas a casa. Quiere que sepas que sus brazos están bien abiertos y que tú no tienes que cambiar tu vida por completo antes de venir. Si El te acepta, ¿no crees que tú debieras aceptarte a ti mismo también?

Si has creído las mentiras de que la vida es barata y de que tu vida es insignificante, permite que las palabras de Dios hagan eco en tu cerebro, cuando te dice: — Yo te hice. — Puede que cuantos has conocido te hayan dicho que no valías lo que un bolígrafo. Por esta vez, deja que Dios te diga: Yo te hice. — Y aun cuando nadie te pidiera nunca que hicieras algo tan difícil, trata de creer que Dios te ama tanto, que dio a su único Hijo por ti.

Tu vida es algo original y espero que Dios la mantenga de esa forma. Por favor, no dejes que la muchedumbre te la exprima poniéndote en la prensa de las concesiones.

Sentimientos

1. ¿Has pensado en el suicidio alguna vez? ¿Cuándo? ¿Por qué?
2. ¿Crees que Dios sabe de veras lo que se siente cuando se burlan de uno?
3. ¿Te has sentido alguna vez como si estuvieras demasiado "sucio" para ser cristiano? ¿Por qué la gente se siente de esa forma?
4. ¿Qué se siente al huir de Dios? ¿Por qué la gente trata de huir de Dios?
5. ¿Qué sintió Scott cuando se hizo cristiano? ¿Te has sentido así alguna vez?

 # Pensamientos

1. ¿Has pensado en el suicidio alguna vez? ¿Cuando? ¿Por qué?
2. ¿Por qué cambió Scott cuando se dio cuenta de que Jesús había experimentado su dolor?
3. ¿Por qué Jesús se juntaba con prostitutas, glotones y alcohólicos?
4. ¿Quiere Dios que los cristianos sean originales? ¿Si es así, de qué forma?

7
Los amigos

El otro día leí esto en el periódico:

En la mañana del martes 10 de enero, Linda Ann Herman (nombre cambiado), de 11 años, se quejó de dolor de estómago ante su maestra de sexto año en la escuela elemental... Salió de la escuela poco antes del mediodía, Linda caminó unas cuadras hasta la iglesia metodista... Entró por la puerta delantera y se sentó en el segundo banco del frente.

En algún momento en el correr de las dos horas siguientes, Linda tomó una pistola calibre .38, la colocó contra el centro de su frente y apretó el gatillo. Murió instantáneamente.

Muchos de los que la lloraron en su funeral, tres días más tarde, habían sido sus compañeros de clase. Ninguno, sin embargo, había sido unido a Linda, porque era una niña sin amigos.

Seas quien seas, tú no puedes vivir sin amigos. Los amigos son para la gente, lo que la tinta para la pluma o lo que el agua para la planta. Tu no puedes vivir sin amigos.

Pensar acerca de Linda Ann Herman, mutila mi corazón. Hay miles más como ella, que sólo quieren un amigo íntimo, pero que no saben por dónde buscarlo. Muy pocos sabemos cómo reconocer a un amigo, incluso si lo vemos. Y muchos menos sabemos cómo ser amigos.

Los amigos falsos

La mayoría tenemos tal deseo de tener amigos, que estamos dispuestos a hacer casi cualquier cosa por conseguirlos. La hipocresía, las fanfarronadas (mentiras) y las concesiones, a menudo forman parte del proceso de hacer amigos. Nos interesa tanto tener amigos, que nos hacemos los listos, contamos historias exageradas, o incluso rebajamos nuestras normas morales para impresionar a los demás. Existe sólo un problema: es imposible hacer amistades sinceras de esta forma. Al final se termina con amistades falsas.

¿Quiénes son los amigos falsos? Los amigos falsos son los que siempre te sonríen. Los amigos falsos hablan mucho acerca de ellos mismos. Nunca están en desacuerdo con nada de lo que tú digas. Se burlan de sus otros amigos cuando están contigo. . . y, probablemente, se burlarán de ti cuando tú no estés con ellos. Los amigos falsos tienen miedo de tomar una posición solos y, generalmente, estarán de acuerdo con cualquier cosa; se especializan en las concesiones. Esos mismos son los que se levantan y se van cuando fracasas. Los amigos falsos hacen un montón de cosas con el único objetivo de impresionarte. Mienten. De hecho, sienten la necesidad de mentir, porque no están totalmente satisfechos con su verdadera personalidad.

Los amigos falsos son eso. . . falsos, y ten la seguridad de que abundan.

La sinceridad es la única política posible

Si te preguntas quién es tu mejor amigo, me imagino que vendrá a tu mente alguien con quien eres capaz de ser sincero. ¿Quién es un amigo?

Amigo es alguien que te lo dirá cuando tengas mal aliento. Alguien que te escuchará cuando estés verdaderamente enojado. Alguien que es capaz de discutir contigo durante horas. Un amigo es alguien que detesta la forma en que te peinas, pero que la soporta de todas formas. Alguien con quien puedes ser tú mismo. El amigo te estima lo suficiente como para decirte la verdad. Guarda tu secreto. Se sienta contigo en el banco después de que perdiste un gol. Los amigos son difíciles de encontrar. De hecho, serás una persona muy rica si encuentras tres en toda tu vida.

Cuando estaba en sexto grado, ninguno de los muchachos admitía que le gustaban las chicas. Durante los siete años de la escuela primaria, nos presionábamos mucho mutuamente para "detestarlas". Si alguno admitía que le gustaba una chica, se le hacía burla y se le ridiculizaba hasta hacerlo llorar.

Todavía recuerdo la noche en que tomaba un refresco en casa de Roger, después de un juego de baseball, y el me preguntó:
— ¿Quién de nuestra clase te gusta?

No podía creer mis oídos. ¿Qué hacer ahora? ¿*Mentiría*? Pensé: ¡*Por supuesto que* no puedo decirle quién me gusta! Pero entonces, pensé en Roger y lo fiel que era como amigo, de modo que junté el suficiente valor y le dije: — Me gusta Cathy.

Que sensación de libertad y de alivio. Después de siete años de secreto, por fin, admití ante uno de mis amigos que me gustaba una chica.

Roger siguió siendo mi mejor amigo porque nunca le contó a nadie mi secreto. Antes de que terminara la noche, incluso me contó quien le gustaba a él. El único problema era que. . . ¡también a él le gustaba Cathy!

Es muy fácil esconderse detrás de una máscara y esconder los secretos. Es fácil ser atrapado por el deseo de causar una buena impresión y de hacerse el "listo". Tenemos tanto deseo de ser aceptados que dejamos de ser naturales y sinceros. Deseamos tanto disfrutar de una reputación, que falseamos, mentimos y hacemos concesiones para obtenerla. Pero después de un tiempo, descubrimos que no resulta. Es imposible ganar verdaderos amigos escondiéndonos. Si falseamos, la única cosa que ganaremos es amigos falsos. Si montamos una representación para impresionar a los demás, puede que les guste el acto que representamos, pero no les vamos a gustar nosotros. De hecho, ni siquiera nos van a conocer.

El arte de ganar amigos comienza con dos palabras: ¡*No cederé!*

La única forma en la que vamos a tener

amigos alguna vez, es permitiendo que la gente conozca quiénes somos verdaderamente. Y la única forma de que la gente sepa quiénes somos verdaderamente, es ser francos, con lo que posiblemente nos hagamos vulnerables. La única manera de ganar un amigo es decir: — ¡Aquí estoy! ¡Acéptame así o déjame seguir mi camino! — Los amigos son esas personas especiales en quienes podemos confiar lo suficiente como para ser sinceros con ellos.

Solos y firmes

Parecería ser una contradicción, pero la única forma en que vamos a conseguir amigos sinceros es estando dispuestos a tomar una posición solos y permanecer firmes en ella. Hasta que no estemos dispuestos a tomar una posición en asuntos morales, aun cuando signifique perder amigos, no estaremos en condiciones de tener amigos. Si nuestros amigos dejan de serlo porque nos aferramos a ciertas normas, entonces es que no eran amigos nuestros desde el comienzo. Y si les caemos bien solamente por la forma en que contemporizamos, entonces esos amigos son sólo amigos falsos.

En la escuela secundaria, yo tenía dos amigos íntimos: Jerry y Tod. Lo hacíamos todo juntos. Ibamos juntos a conciertos. Ibamos a las clases juntos. Almorzábamos juntos. Enseñábamos estudios bíblicos juntos. Siempre que hacíamos alguna cosa, la hacíamos juntos.

Un fin de semana ellos se fueron a la carretera a pedirles a los automovilistas que los llevaran, solamente por viajar. En la mañana del lunes, vinieron llenos de entusiasmo para hablarme sobre su fin de semana. Después de que me palmearon en la espalda alegremente por un rato, pudieron decir algo más que exclamaciones.

— Encontramos una carpa de rodeo — explicó Jerry —. De modo que conseguimos trabajo. ¡No lo hubieras podido creer! Hicimos doscientos dólares, y nos dieron vino. ¡Todo lo que pudiéramos beber! ¡Y no hubieras podido creer cómo eran las chicas! De modo que la última noche, tomamos el vino y tuvimos una gran fiesta con las chicas.

Me sentí lastimado. En lugar de gozar de su entusiasmo, no podía creer lo que escuchaba. Por primera vez en mi vida, desde que había encontrado a Jesús, mis amigos me estaban mirando atentamente y esperando que estuviera complacido con sus locuras.

— No quiero escuchar más — les dije.

Se callaron. Estaban boquiabiertos. — Vamos, Tod, vámonos. Fred debe estar cansado. Lo veremos mañana. — Y se fueron.

Aquello me dolía. De veras. Eran mis mejores amigos, y habíamos pasado innumerables horas juntos. De pronto, todo parecía haberse acabado. *¿Qué voy a hacer?*, pensé. *¿Me estaré comportando como un santurrón? ¿Debería festejarles lo que se divirtieron a pesar de ser pecaminoso? ¿Qué pasa si les* *caigo mal? ¿Qué pasa si pierdo mis dos mejores amigos?* Todas estas y muchas otras preguntas cruzaron por mi mente. A pesar de que disfrutaba sinceramente de su amistad, no podía negar el dolor que en mi corazón había causado su pecado.

Evitamos encontrarnos por una semana; pero finalmente fue inevitable. Teníamos que hablar. De modo que nos sentamos en uno de los edificios de la escuela. Había decidido que iba a amar a Jerry y a Tod. No iba a juzgarlos, porque sabía que yo también pecaba mucho. Pero si iban a rechazarme porque era un "mojigato", entonces tendría que aceptar su rechazo.

— Fred, ya no sé cómo tratarte — empezó Jerry —. Eres demasiado recto. Yo no puedo vivir así. Quiero salir de vez en cuando, embriagarme y tener relaciones sexuales. La vida es demasiado corta para no poder divertirse.

Permanecí allí sentado en silencio, sintiendo cada cosa que decía.

— Tú puedes vivir rectamente si quieres, pero eso no es para mí.

Debemos haber hablado durante una hora, pero no avanzamos nada. Finalmente, Jerry dijo: — Fred, tú tienes razón. Estás viviendo para Jesús y Dios te está usando. Quizá algún día cambie mi vida, pero por el momento quiero ser libre y divertirme. No veo cómo podamos continuar siendo amigos.

Jerry se levantó y se fue y Tod se fue con él.

Me quede allí, totalmente solo. Perder esos amigos íntimos era como empezar la secundaria otra vez. Era como ser sorprendido por una tormenta de nieve sin ninguna ropa puesta. No era frío aquello; ¡estaba congelado! No había cosa que deseara más, que tener un amigo sincero que me aceptara; pero sabía que tenía que estar dispuesto a tomar una posición solitaria. Las concesiones me podrían haber traído un compañero de fiestas, pero no me habrían traído nunca un amigo.

(A propósito, Tod vino a verme pocos años más tarde para decirme que se cansó de la forma en que vivía y fue a hablar con su pastor. Ese día encontró a Jesús, y quería que yo lo supiera. Mientras Tod salía de mi cuarto, pensé: *¿Qué habría pasado si hubiera cedido? ¿Qué habría sucedido si hubiera traicionado mis valores?* Me hubiera sentido como un tonto culpable. Estoy contento porque Jesús me mantuvo fiel y porque Tod sabía que todavía lo estimaba.

Cuando Tod se fue, me dijo algo como: — Fred, gracias por ser un amigo fiel. — Esas dos palabras, *amigo fiel*, hicieron eco en mi cerebro por un rato. Todo cuanto pude decir fue —: ¡Bendito sea el Señor! — Después de que Tod se fue, me arrodillé y le agradecí a Jesús que me enseñara a decir —: ¡No cederé! Solamente Jesús fue capaz de hacer de mí un amigo fiel.)

La amistad es una relación de confianza
Es imposible tener amigos a menos de que

tengamos la valentía de hacernos vulnerables. A no ser que nos arriesguemos a ser heridos, burlados, que se nos saque partido o se nos dé como comida a los leones, no estaremos dispuestos a tener amigos.

Cuando estaba en sexto año, y le dije a Roger que me gustaba Cathy, me quedé petrificado porque sentía como que estaba arriesgando mi vida. Nadie admitía que le pudiera gustar una chica. Pero corrí el riesgo, porque confiaba en mi amigo. Y esa noche, cuando se lo conté, me contó quien le gustaba a él y aumentó nuestra amistad. Establecimos una relación de confianza mutua.

Los secretos crean amistades, y cada vez que le contamos un secreto a alguien nos arriesgamos. Pero, después de todo, un amigo es alguien en quien confiamos. Con él no hay riesgo verdadero o razón para temer por el resultado de esa confianza. El temor a los iguales no existe entre amigos. "En todo tiempo ama el amigo. . ." (Proverbios 17:17), incluso cuando estés en una situación difícil, después de perder un examen o durante un juego importante en el que te dejaron fuera.

Dice la Biblia:

> En el amor no hay temor, sino que el perfecto amor echa fuera el temor; porque el temor lleva en sí castigo. De donde el que teme, no ha sido perfeccionado en el amor.
>
> 1 Juan 4:18

Hank era un muchacho que sufría más de lo

ordinario en la secundaria. Era alto y delgado. Sus compañeros de clase solían burlarse de él diciéndole que para disfrazarse de esqueleto, sólo tenía que quitarse la ropa. Hank no sólo era delgado, sino que su piel era del color de la leche también y el cabello rojo y ensortijado le hacía sombra sobre la cara. No era atlético en absoluto y no hacía nada después de la escuela excepto jugar con su calculadora.

Había un montón de cristianos en su clase que se cansaron de que los demás se burlaran de él y decidieron hacer algo distinto. Alguien sugirió: — Amemos a Hank. — Todos estuvieron de acuerdo —: Sí, seamos sus amigos.

Hank nunca había salido a pasear con chicas en su vida, de modo que algunas de las chicas cristianas empezaron a llamarlo. Después del colegio lo llevaban a merendar. Nuestro grupo juvenil pensaba ir a un partido de basketball profesional, así es que los muchachos le pidieron a Hank que fuera con ellos y él aceptó. Incluso nos peleamos por ver quién iría en su auto.

A Hank le llevó mucho tiempo confiar en ellos, porque nunca en su vida había confiado en ninguno de sus compañeros. Le llevó algún tiempo poder aceptar su amistad, pero después de varios meses, comenzó a reaccionar. Empezó a aparecer por nuestras reuniones. Comenzó a hacer preguntas. Poco después encontró a Jesús.

Hank nunca había tenido amigos antes, porque nunca nadie lo había aceptado tal cual era. Pero unos cuantos muchachos decidieron cambiar la situación. Decidieron que Hank era digno de ser amado, e hicieron todo lo que pudieron para probárselo. El resultado fue que todo vestigio de miedo se evaporó del corazón de Hank y fue capaz de confiar en sus nuevos amigos. Establecieron una relación de confianza que fue de más valor para Hank que todo el petróleo de Irán. Se hicieron verdaderos amigos.

Por favor, sé mi amigo

¿Tienes un amigo? ¿Tienes a alguien que te acepte tal como tú eres, aun cuando no seas nada del otro mundo? Si lo tienes, eres una persona rica. Pero si no lo tienes, eres como la mayoría de la gente.

En 1970 se llevó a cabo una encuesta entre 7.050 estudiantes de secundaria que fueron seleccionados al azar entre varios grupos de los Estados Unidos. Los resultados, reportados por Merta P. Strommen en *Cinco gritos de la juventud*, demostraron que un número muy grande era perseguido por pensamientos de fracaso y de autocrítica. "Se comparan con gente que sobresale en algún aspecto," el reporte señalaba. Y "se pasan todo el tiempo preocupados con altas exigencias y con el empeño de sobresalir ante los ojos de los demás".

Esta obsesión señala claramente la esclavitud de temor que causa entre los estudiantes la búsqueda de un amigo genuino. Este miedo a los iguales necesita ser encarado de frente. Como W.C. Fields dijera: "Llega un momento en los sucesos de un hombre, mi querido llorón, en que debemos agarrar al toro por los cuernos y enfrentar la situación." Si tu vida social parece un desastre total, no te preocupes. La vida social de muchos de tus amigos se ve igual. Sin embargo, puede que escuches una tonada diferente en el aire. Puede que oigas a tu Creador llamándote. Puede que lo escuches tratando de explicarte de que El sintió tu dolor y de que El te acepta tal como eres. Hasta puede que lo escuches invitándote para que seas su amigo.

"Cero concesiones," ese es el centro del mensaje cristiano, porque es el mensaje más importante que todo ser humano necesita escuchar. Ceder es caer en esclavitud y muerte. La gente está verdaderamente ansiosa por oír esas palabras: *¡No cederé!*

Estar dispuesto a tomar una posición solo y decir: — ¡No cederé! — es decir —: Dios me creó así. Lo siento si tú no me puedes aceptar. Pero si puedes aceptarme, puedes ser mi amigo.

La muchedumbre está esperando a alguien que diga: — ¡No cederé! — porque todos los que la forman están buscando a un amigo que los acepte y, al mismo tiempo, ellos quieren ser ellos mismos.

Hace casi dos mil años, Jesús comenzó un movimiento sin concesiones. Los vestíbulos,

los salones de clases, las cafeterías y los vestuarios están llenos de impostores. Pero Jesús es todavía el mismo. El no cede. Mientras colgaba de la cruz decía: — ¡No cederé! —Cuando se levantó de entre los muertos dijo —: ¡No cederé! — Hoy en día está sentado en el trono de Dios y reina sobre el universo diciendo —: ¡No cederé. — Algún día tú y yo estaremos arrodillados ante ese trono y seremos juzgados sobre si dijimos o no — ¡No cederé! — Dios nos invita a seguir su nueva tonada y nos advierte diciendo:

No os conforméis a este siglo, sino transformáos por medio de la renovación de vuestro entendimiento, para que comprobéis cual sea la buena voluntad de Dios, agradable y perfecta.

Romanos 12:2

Si puedes, ten esta conversación con Jesús:

Escuché que me llamabas por mi nombre, y sé que nunca más seré el mismo. Sentí tu amor, y sé que te preocupas por mí. Tú me hiciste y por eso creo que te puedo confiar mi reputación. Tú sabes lo importante que es para mí, así que cuidala bien.

Quiero ser la persona que Tú quieres que yo sea. Perdóname por copiar a mis amigos, por hacer concesiones en mis principios y por hacer lo que sabía que estaba mal. Quítame mi culpa, porque me está matando.

Tú sabes qué débil soy cuando trato de enfrentarme a los demás, así que hazte fuerte en mí. Ayúdame a decir: — ¡No cederé! — Ayúdame a obedecerte porque quiero terminar de jugar a "seguir al cabecilla" y empezar a seguirte a ti.

Muéstrame cómo puedo ser amigo y, por favor, ¿me puedes dar un amigo verdadero? Alguien en el que pueda confiar, alguien con quien pueda ser yo mismo, alguien que me vea como soy y que así y todo me estime.

Señor Jesús, gracias por ser mi Amigo y por enseñarme que no hay nada de malo en decir — ¡No cederé! Tú eres mi ejemplo y quiero ser como Tú.

Jesús, te amo.

Jesús es amigo porque es totalmente sincero y fiel. El dijo ". . .No te desampararé, ni te dejaré" (Hebreos 13:5). También dijo: "Yo estoy con vosotros todos los días. . ." (Mateo 28:20). Jesús no va a dejarte cuando te dejen de lado en el equipo de tenis, o cuando te caigas con los patines, o cuando fracases en un examen de matemáticas. Jesús no va a dejarte cuando te quedes en casa en lugar de ir a la fiesta, o cuando te despiertes con un enorme granito rojo en la barbilla, o cuando pierdas una jugada importante. Jesús te ama, y te promete estar más unido a ti que un hermano.

Jesús sabe que no hay nada más importante para la mayoría de nosotros que tener un amigo íntimo. Es por eso que primero nos ofrece su amistad y después nos muestra cómo tener amigos.

Dice la Biblia: "El hombre que tiene amigos ha de mostrarse amigo; y amigo hay más unido que un hermano". (Proverbios 18:24) Esta es la clase de amigo que todos queremos, y también es la clase de amigo que Dios quiere que tengamos.

Sentimientos

1. Describe cómo Linda Ann Herman se sentía. ¿Cómo crees que se sienten los que no tienen ningún amigo? ¿Te has sentido así alguna vez?
2. Describe qué se siente cuando se tiene un amigo.
3. ¿Te resulta fácil ser sincero en el colegio? ¿Por qué, o por qué no?
4. Cuando Jerry y Tod volvieron de su turbulento fin de semana, ¿cómo hubieras reaccionado tú, si ellos hubieran sido tus amigos?
5. ¿Algunas veces te lastiman los pecados de los demás? Si así es, ¿cuándo?
6. ¿Qué se siente al asumir una posición solo? Da un ejemplo de alguna vez en que hayas tenido que asumir una posición solo.

Pensamientos

1. ¿Por qué es imposible ganar amigos con concesiones?
2. ¿Por qué es difícil tener amigos verdaderos?
4. Enumera cinco características de un amigo falso.
5. ¿Cómo puedes tú ser un amigo mejor?
6. ¿Por qué los secretos fortalecen las amistades?
7. ¿Podrías llamar a Jesús "mi mejor amigo"? ¿Por qué o por qué no?

Quiero que te sujetes con fuerza a tu silla mientras lees el próximo capítulo, porque no quiero que nadie perezca por mi culpa. Lo escribí con mucho miedo, por su contenido altamente explosivo. Siento como si estuviera revolviendo un cocktail de nitroglicerina. Si alcanzas a comprender lo que trato de decir en estas páginas, es posible que te conviertas en una de las personas a través de las cuales Dios puede cambiar el mundo. Pero si interpretas mal lo que digo, tu vida puede ser destruida. De modo que, por favor, procede con cuidado.

¿Alguna vez has ido al colegio sintiendo como que estabas dentro de una campana de buceo? Una vez que nos decidimos a seguir a Jesús y a mantener un nivel de moral, nos podemos sentir tan separados de nuestros amigos, que pensamos que ya no tenemos nada más en común con nadie. Miramos desde nuestra ventanilla, y saludamos a la gente que pasa nadando, pero tenemos miedo de acercarnos a alguien. Tenemos tanto miedo de contagiarnos con alguna enfermedad, que nos aislamos totalmente de los demás y vivimos solos en nuestra propia campana esterilizada de buceo. Nos podemos volver tan paranoicos que en realidad hasta llegamos a esperar que la gente nos persiga con una red y nos arrastre hasta la perrera municipal. Estos sentimientos de alienación son quizá los sentimientos más dañinos que un joven cristiano pueda tener.

La "retirada cristiana" no es cristiana

A menudo nuestros horarios están tan llenos de actividades cristianas, que son suficientes para enfermarnos: estudio bíblico los lunes por la noche, entrenamiento en discipulado los martes, reunión de oración los miércoles por la noche, práctica en el coro los jueves, cantar himnos los viernes, los sábados reuniones de confraternidad cristiana; y, por supuesto, pasamos todo el domingo en la iglesia. Todo en el programa es muy religioso, pero esto no es cristiano. La retirada completa del mundo ni siquiera es saludable.

Una tarde fui a la casa de Gloria porque sabía que estaba muy deprimida. Gloria es una chica muy popular y le gusta divertirse mucho; de modo que, cuando empezó a sentirse deprimida, me preocupé un poco.

Después de que hablamos por un rato, le pregunté como por casualidad: — ¿Qué hiciste el fin de semana pasado?

— Cuidé a los niños del matrimonio Smith.

— Bueno y. . . ¿Qué vas a hacer este fin de semana?

— No sé. Probablemente me quedaré en casa y miraré televisión como de costumbre.

De pronto, me di cuenta de lo que había sucedido. Era obvio que la vida social de Gloria se había encogido horriblemente.

— ¿Hiciste algo con tus amigos después de la escuela esta semana? — le pregunté.

— No, generalmente vengo a casa, estudio y después voy a trabajar.

— ¿Quién es tu mejor amiga en estos momentos?

— Creo que Ann, pero está fumando marihuana ahora, así es que no la veo muy a menudo.

— ¿Cuándo se ven?

— La única oportunidad en que la veo es en el colegio. Como usted sabe, recibimos algunas clases juntas. — Entonces agregó —: Mis padres no quieren que me vuelva muy mundana. Y como quiero obedecer a Dios, no quiero seguir andando por ahí con mis viejos amigos no cristianos. Pueden tener una mala influencia en uno, ¿no es cierto?

Gloria amaba a Jesús y pensaba que la mejor forma de mantenerse pura era ir a la escuela en una campana de buceo esterilizada, y limitarse a saludar a sus amigos a través de la ventanilla, mientras ellos nadaban en el océano enlodado de la sociedad pagana. Las únicas veces en que salía de su aislamiento eran cuando cuidaba niños o hacía los deberes. Quería vivir una vida santa de tal forma que no quería acercarse a nadie en la escuela, porque pensaba que podría contagiarse con una especie de "influenza" espiritual. Cuando me di cuenta de lo que ocurría, supe que había encontrado la causa de su depresión. Entonces hablé con Gloria sobre la importancia de estar en el mundo sin ser manchado por el mundo.

A menudo cuando tratamos de enfrentarnos con las influencias negativas de la gente, pensamos que tenemos que aislarnos, romper el contacto con el mundo y rodearnos de cristianos todo el tiempo. Y cuando no tenemos amigos íntimos cristianos, entonces tenemos que estar solos, soportarlo y resignarnos. Sin embargo, no es esto lo que Dios dice.

Le dije a Gloria que Dios nunca le pide a ninguno de nosotros que sea una isla. No espera que dejemos a nuestros amigos no cristianos. De hecho, uno de los problemas más grandes que podamos tener, se presenta cuando tratamos de torcer su mandamiento "Separaos", para que diga "No te juntes con". Dios quiere que nos juntemos con los que no son cristianos. Nunca nos pide que nos separemos físicamente de ellos, *excepto* cuando somos débiles en cierto aspecto. Lo que sí nos pide que hagamos es vivir un estilo de vida diferente al de nuestros amigos.

Continuamos hablando así por casi una hora y ella me hizo muchas preguntas. Todo era muy nuevo para ella y la asustaba un poco. Incluso me dijo: — Es más fácil apartarme de mis viejos amigos, que andar con ellos. — Y agregó —: Puede que sea más fácil para mí, pero sé que no es saludable.

Saca primero el mundo de tu interior

Lo mundano no es una cosa externa. Es interna. Jesús no dijo nunca "Apártate del mundo", sino "¡Aparta al mundo de ti!". No hay nada de malo en tener amigos no cristianos. De hecho hay algo que anda muy mal si no tenemos ninguno. Jesús tenía toda clase de amigos. Conocía a los bebedores del pueblo. Les daba su tiempo a prostitutas, y algunos de sus mejores amigos habían estado mezclados en el crimen organizado (eran recaudadores de impuestos). El problema aparece cuando empezamos a imitar el comportamiento de los otros. Esto es algo que Jesús nunca hizo.

Winkey Pratney, vocero de Dios, que ama a Jesús y ama a los estudiantes, ha dicho: — O

cambias de conducta o cambias de nombre.
— Aquellos que seguimos a Jesús llevamos el nombre de *cristianos*, y debemos vivir a la altura de ese nombre en nuestra conducta personal.

El amor libre (la lujuria libre) está tan claramente prohibido en la Biblia como el adulterio y el asesinato. "Pues la voluntad de Dios es vuestra santificación; que os apartéis de fornicación" (1 Tesalonicenses 4:3). En una época en que los que son vírgenes son muchos menos que los que no son vírgenes, es difícil de creer que incluso despertar deseos lujuriosos sea algo claramente prohibido por Dios (Mateo 5:27-30; 2 Timoteo 2:22). Todos necesitamos tomar la decisión de no ceder en nuestros principios morales en cuanto a las relaciones sexuales prematrimoniales, aunque signifique perder amigos o noviazgos.

Embriagarse es algo tan claramente prohibido en la Biblia como el adulterio y el asesinato: "No os embriaguéis con vino" (Efesios 5:18). En la ciudad de Nueva York, se calcula que por lo menos el 60 por ciento de los jóvenes que se hallan entre doce y dieciocho años consumen alcohol habitualmente, y por lo menos 36.000 tienen problemas de bebida.

Si la embriaguez causada por el alcohol está prohibida en la Biblia, ciertamente los estados causados por la marihuana, el hashish, las píldoras y otras drogas químicas también están prohibidos. Además, todas esas otras drogas son ilegales y Dios prohíbe claramente lo que está fuera de la ley (Romanos 13). En uno de esos días en que te sientas totalmente extraño en una fiesta si no tomas un poco de cerveza o de otra bebida, se te hará difícil creer que ningún borracho entrará en el cielo (1 Corintos 6:9, 10; Gálatas 5:21).

La Biblia prohíbe tan claramente la rebelión contra los padres como el adulterio y el asesinato: "Hijos, obedeced en el Señor a vuestros padres, porque esto es justo. Honra a tu padre y a tu madre" (Efesios 6:1, 2). En una época en la que la independencia es lo más parecido a la santidad, puede que resulte difícil creer que Dios espera verdaderamente que hagamos lo que dicen nuestros padres. Pero todos necesitamos decidir que seguir lo que dicen nuestros padres es más importante que hacer lo que nuestros compañeros nos dicen que es bueno.

El robo en las tiendas y el vandalismo también están tan claramente prohibidos en la Biblia, como el adulterio y el asesinato: "El que hurtaba, no hurte más, sino trabaje, haciendo con sus manos lo que es bueno, para que tenga qué compartir con el que padece necesidad" (Efesios 4:28).

En una época en que da igual quebrantar las leyes, Dios todavía dice que eso está mal. Necesitamos decidir que no vamos a robar más en las tiendas e incluso retribuir con dinero a algunas de ellas, a pesar de que ninguno de nuestros amigos entienda por qué.

La brujería, la astrología, las sesiones de espiritismo, la magia "blanca", la meditación trascendental y otras actividades cúltico-demoníacas están tan claramente prohibidas en la Biblia como el adulterio y el asesinato: "Mas los perros estarán fuera, y *los hechiceros*, los fornicarios, los homicidas, los idólatras, y todo aquel que ama y hace mentira" (Apocalipsis 22:15). En un día en que hay tantos que se declaran gurus y tantos mesías falsos, cuesta creer que todavía hay un solo camino. Hagan lo que hagan nuestros amigos, necesitamos decidir que no vamos a buscar demonios personales a través de estos impostores espirituales.

La música secular de *rock* no está tan claramente prohibida en la Biblia como el adulterio y el asesinato, pero escucha lo que Mick Jagger, de los *Rolling Stones*, dijo acerca de ella:

> Demasiada gente se está volviendo obsesionada con la música "pop". La posición del *rock and roll* en nuestra subcultura se ha vuelto demasiado importante, especialmente cuando se busca un contenido filosófico.

Donovan dijo: "La música 'pop' es el vehículo religioso perfecto." Con toda franqueza, me gusta la música con un poco más de ritmo que muchos de los cantos fúnebres que se tocan en algunas iglesias, pero necesitamos ser lo suficientemente humildes y sinceros como para reconocer que muchas de las doctrinas de demonios que son expuestas se comunican a través del medio secular que es la música rock. Dios nos está diciendo:

— No dejes que la radio te meta dentro de sus moldes: déjame a mí remodelar tu mente desde adentro (lee Romanos 12:2).

Me doy cuenta de que sólo he mencionado unos cuantos temas morales de los cuales necesitamos ser defensores fieles. No era mi intención hacer una lista completa. Solo he intentado mencionar algunos ejemplos de comportamientos sobre asuntos morales obvios y externos.

Si tú has andado enredado en cualquiera de esas cosas mencionadas, apelo a ti, como a miembro de la que quizá sea la última generación: arrepiéntete de ese estilo de vida ateo y comienza a marchar al compás de un tambor diferente al que siguen las masas.

Jesús les hizo una predicción a sus amigos. Les dijo: "En los últimos días, la maldad será multiplicada y el amor de la mayoría de los hombres se enfriará" (Mateo 24:12). Creo que esas palabras se cumplen hoy en día. ¡Nunca la gente ha sido tan malvada ni tan orgullosa de serlo! El mundo se vanagloría de su vergüenza, como un cerdo disfruta en el lodo. Si alguna vez los seguidores de Jesús han sido llamados a ser diferentes, es hoy día. Si alguna vez necesitamos decir: — ¡No cederé!

— es hoy. He aquí una oración corta que te sugiero que aprendas de memoria. "Tú, Jehová, los guardarás; de esta generación los preservarás para siempre" (Salmo 12:7).

A pesar de que Jesús sabía que iba a ser muy difícil tomar una posición contra la muchedumbre en un día tan lleno de maldad, le dijo a su Padre: "No ruego que los quites del mundo, sino que los guardes del mal" (Juan 17:15). El no nos dice que nos apartemos del mundo. Ese sería el camino fácil. Lo que nos dice es que saquemos al mundo de adentro de nosotros y, entonces, nos llama para que vayamos al mundo.

Ahora vé al mundo

Una vez que nos hayamos solidificado normas morales decisivas que guardaremos aun cuando signifique perder amigos, necesitamos oír el llamado urgente de Jesús: "Vayan al mundo" (lee Mateo 28:19). Si hemos fabricado alguna forma de campana de buceo que nos ayude en nuestros miedos e inseguridades, necesitamos salirnos de ella.

C. T. Studd, un hombre totalmente dedicado a Jesús, escribía:

Algunos quieren vivir siempre cerca
De la iglesia y de la campana de la capilla.
Yo prefiero tener un taller de rescate de almas
A un metro del infierno.
Muchos de los nuestros se esconden de los

que no son cristianos, como si fuéramos agentes secretos. Alguien dijo: "Somos como la ruta marítima del río San Lorenzo. . . congelados en la desembocadura". Los cristianos no debiéramos aislarnos, sino infiltrarnos en el mundo.

Había acabado de iniciar un grupo de discipulado para estudiantes de secundaria y universitarios, y tenía la esperanza de que Sharon entrara en él. La vi en la piscina y le pregunté si estaba interesada.

— He orado mucho al respecto — dijo Sharon —. Me gustaría mucho ir; pero no lo voy a hacer.

Me sentí aplastado.

Vio morir mi sonrisa, así que me explicó:

— Siento desilusionarlo pero dése cuenta: no tengo suficiente tiempo para estar con mis otros amigos, si me paso el tiempo en reuniones.

— *Ella tiene más razón que yo* — pensé. Sé que sus "otros amigos" no eran cristianos y ella no quería aislarse.

— Estoy demasiado comprometida en clubs del colegio para estar haciendo cosas con la iglesia *todo el tiempo*.

Sharon tenía razón. Sabía que era más importante cimentar las relaciones con sus amigos que asistir a una reunión más.

Alguien dijo: "Nos salvamos en una iglesia, pero nos volvemos cristianos en la calle." Sharon conocía la importancia del estudio bíblico, de la oración y de la adoración; pero conocía también la importancia de una vida equilibrada con sus amigos de la escuela. Tenía que proteger su horario para que no estuviera demasiado lleno de actividades relacionadas con la iglesia, y poder estar activa en el colegio. Una vez que Sharon quitó al mundo de adentro de ella, supo que era tiempo de volver al mundo.

Peter solía fumar mucha marihuana, y usaba otras drogas de vez en cuando. Entonces tuvo un encuentro con Jesús, y por un año supo que no podía ir a fiestas, porque tendría demasiadas tentaciones para volver a caer en su estilo de vida anterior. Después de mucha oración y estudio de la Biblia, decidió que debería asistir de vez en cuando para mantener una cierta relación con sus amigos. Algunas veces se sentía tentado a probar de nuevo, así es que tenía que irse de la fiesta. Pero no cayó en la tentación y tuvo muchas oportunidades de compartir a Jesús con sus amigos.

Una vez, un amigo íntimo de Pete, con quien solía usar drogas, empezó a insistirle en que usara un poco de drogas. ¿Sería Pete capaz de hacerlo? ¿Cedería? ¿Se rebajaría "sólo por una vez"? ¿O tomaría una posición firme a favor de lo que sabía que estaba bien? Pete batalló contra la tentación, pero por último dijo: — No, Jesús me liberó de tener que malgastarme, y yo lo quiero demasiado como para desilusionarlo. — Pete se había acordado de las palabras de Salomón: "Hijo mío, si los pecadores te quisieran engañar, no

consientas. Si dijeren: Ven con nosotros;. . .
hijo mío, no andes en camino de ellos. Aparta
tu pie de sus veredas" (Proverbios 1:10, 11,
15).

Peter conocía sus debilidades y se propuso
no ceder en cuanto a las drogas, y también
estar en el mundo como un infiltrado. Semejante posición es cristianismo verdadero:
estar en el mundo pero no ser del mundo.

La identificación

Estar en el mundo significa sentir el dolor
de nuestros amigos: compartir el dolor de un
amigo cuyos padres están divorciados, pal-
mearle la espalda a un amigo que fue sacado
del equipo o que perdió las elecciones escola-
res, sentarse junto al muchacho que siempre
come solo en la cafetería del colegio, hablar
con la muchacha gorda a quien nadie saca a
pasear. El colegio es un lugar en donde todos
sentimos mucho dolor, tanto si somos cristianos como si contemporizamos. Seamos quienes seamos, necesitamos ser capaces de ser
sensibles a los dolores de nuestros amigos.
Estar en el mundo es compartir los sentimientos de los demás.

Estar en el mundo es participar de él
físicamente: estar en el gobierno estudiantil;
participar en atletismo (o en el equipo de
ajedrez); estar en el coro del colegio o ser
animadores de deportes. Si eres una persona
sana, debieras participar en algunas actividades fuera de clase con tus compañeros.

Estar en el mundo es compartir mentalmente con tus amigos: escucharlos, hablarles, pensar acerca de lo que piensan y saber cómo darles a conocer a Jesús en forma lógica. Después de todo, El es parte de lo que tú eres.

Estar en el mundo es participar socialmente en él; traer amigos a pasar la noche en tu casa; ir a partidos de fútbol del colegio, o a reuniones de motivación; ir a un concierto, al circo, o aunque sea a merendar juntos. Participar socialmente en el mundo es saludable.

Es sorprendente cuánto tenemos en común con todo el mundo. Sentimos el mismo dolor; asistimos a las mismas clases; usamos básicamente la misma ropa. Incluso nos salen la misma clase de granitos en la cara.

No necesitamos campanas de buceo. Ni siquiera necesitamos tubos de respiración bajo agua, porque tenemos la Cuerda Salvavidas del cielo viviendo dentro de nosotros. Es el Espíritu Santo, quien no está tan preocupado por lo externo como por lo interno. El no está tan preocupado porque nos rodeemos de ésta o aquella clase de gente, como por nuestro comportamiento cuando estamos con ella. Este mismo Espíritu Santo que produce santidad dentro de nosotros nos llama a vivir una vida de santidad en una sociedad muy poco santa.

Una de las formas de ser santos es evitar totalmente a los pecadores (lo cual es imposible), encerrándose y esterilizando la campana de buceo. Este es un camino hecho por el hombre y solamente ocasiona problemas peores. La otra forma es aprender a decir: — ¡No cederé! — Este, mis amigos, es el camino de Dios. Y la única forma de agradarlo.

Decir: — ¡No cederé! — es decir —: Sé que Dios me hizo exactamente como soy. — Es decir —: Jesús me dio ciertas normas morales que El quiere que yo guarde para que no me lastime más de lo absolutamente necesario. — Decir —: ¡No cederé! — es decir —: No tengo por qué mentir acerca de mí mismo; ni siquiera exagerar. Aquí estoy. . . acéptenme o rechácenme. Me amo a mí mismo aun cuando no lo entiendan. — Decir —: ¡No cederé! — es decir —: ¿Quieres que seamos amigos? — Es decir —: Dios mío, te confío mi reputación — y decir —: Prefiero seguir al Gran Caudillo.

Quisiera poder saltar de estas páginas, abrazarte y decirte cuánto te ama Jesús. Pero Jesús hizo más que saltar de unas páginas: Vino desde el cielo para demostrarte su amor. Sintió tu dolor. Sabe lo difícil que es decir: "¡No cederé!" Después de todo, El lo está diciendo todo el tiempo. También quiere que nosotros lo digamos, porque sabe que es la única forma verdadera de vivir.

Ahora mismo, ¿por qué no le permites abrazarte? Conozco esa expresión: — ¿Qué van a pensar? — cuatro palabras que se arrastran por tu mente. Pero Dios te está desafiando con otras cuatro palabras: ¡Atrévete a ser diferente!

Sentimientos

1. ¿Has ido alguna vez al colegio como si estuvieras en una campana de buceo?
2. ¿Por qué algunas veces es más fácil evitar al mundo que participar en él?
3. Enumera algunos de los dolores que la mayoría de los estudiantes experimentan.

Pensamientos

1. ¿Por qué la gente vive en campanas de buceo?
2. Define lo que significa la palabra *mundano*.
3. ¿Qué aspectos específicos de un estilo de vida mundana fueron mencionadas? ¿Conoces otros?
4. ¿Qué norma moral es la que la mayoría de los jóvenes tiene dificultades en guardar? ¿Por qué?
5. ¿Por qué Jesús les dice a sus seguidores que vayan al mundo?
6. ¿Bajo qué condiciones es mejor no participar en el mundo durante un tiempo?
7. ¿De qué formas los cristianos tienen que participar en el mundo?
8. ¿Pasarías tu vida siguiendo a Jesús, a pesar de lo que piensen los demás?

Nos agradaría recibir noticias suyas.
Por favor, envíe sus comentarios sobre este libro
a la dirección que aparece a continuación.
Muchas gracias.

Editorial Vida
7500 NW 25 Street, Suite 239
Miami, Florida 33122

Vidapub.sales@zondervan.com
http://www.editorialvida.com